Max Lenz

Die Schlacht bei Mühlberg

Mit neuen Quellen

Max Lenz

Die Schlacht bei Mühlberg
Mit neuen Quellen

ISBN/EAN: 9783743316621

Hergestellt in Europa, USA, Kanada, Australien, Japan

Cover: Foto ©ninafisch / pixelio.de

Manufactured and distributed by brebook publishing software (www.brebook.com)

Max Lenz

Die Schlacht bei Mühlberg

Die Schlacht bei Mühlberg.

Mit neuen Quellen.

Von

Dr. Max Lenz.

Gotha.
Friedrich Andreas Perthes.
1879.

I.
Neue Quellen.

In der Darstellung der Schlacht bei Mühlberg, die den Beschluß seines Buches über Moritz von Sachsen bildet, hat Georg Voigt auf eine merkwürdige, bis dahin nur unvollkommen bekannte Episode des Kampfes aufmerksam gemacht, den Versuch des Herzogs, seinen Vetter kurz vor dem entscheidenden Angriff durch das Versprechen seiner Vermittlung zur Ergebung und Unterwerfung unter die Gnade des Kaisers zu bewegen. Die Andeutungen, die in so ungenügenden Quellen, wie das „Leben Herzog Moritz'" von Georg Arnold und der Bericht Baumanns über die Schlacht, vorlagen, konnte er durch die besten Zeugen von beiden Seiten bestätigen: Moritz selbst, der in zwei nach dem Kriege aufgesetzten Rechtfertigungsschriften die Sendung eines hessischen Sekretärs zu dem Gegner erwähnt, und einen kurfürstlichen Obersten, der über den Rückzug seines Herrn und jene Verhandlungen bald nach der Niederlage an Herzog Albrecht von Preußen in ausführlicher Weise berichtet hat [1]).

Arnold spricht von dem Vermittlungsversuch des Herzogs nur ganz kurz und an unrichtiger Stelle. Die Worte, die er „die Gesandten" — in Wirklichkeit war es nur einer —

---

1) Voigt a. a. O., S. 409 f.

sagen läßt, entsprechen etwa dem Antrage; die Antwort aber, welche er dann dem Kurfürsten in den Mund legt, ist nie von diesem gegeben worden. Johann Friedrich kann nicht erwidert haben, daß ihn der tiefe Fluß, der nahe Wald und das leicht zu erreichende Wittenberg vor dem Kaiser schütze, da das Gespräch nicht, wie Voigt diesem Gewährsmann nacherzählt, an der Elbe vor dem Uebergange Karls des Fünften, sondern lange nachher, im Angesicht der nachdrängenden feindlichen Reitermassen, nicht weit von dem Walde selbst, vor dem der vernichtende Stoß erfolgte, stattgefunden hat. Ganz richtig in die Zeit der Verfolgung hat Baumann den Vorfall gesetzt; er weiß auch nur von einer „vertrauten, ansehnlichen Person", die mit einem Trompeter von Moritz dem „Herzoge Hans Friedrichen" nachgeschickt sei; es sind sogar Worte, wenn auch in unrichtiger Fassung, zu ihm gedrungen, die wirklich zwischen dem Kurfürsten und dem Gesandten gewechselt worden sind: Herzog Hans Friedrich habe dem Anerbieten nicht „verfolgt", sondern erwidert, „es wären wort, damit man krancke solte trösten"¹); daß Johann Friedrich den Gesandten bei sich behalten habe, der Trompeter erschossen; und jener mit Noth davon gekommen sei, ist von ihm ganz wahr erzählt worden.

Moritz selbst hat uns dies bestätigt. Die Sätze, die er seinen Rechtfertigungsschriften über jenen Vermittlungsversuch eingefügt hat, verdienen wohl um der Person des Schreibers willen und der Tendenz, die in ihnen zu Tage tritt, hier mitgetheilt zu werden²):

---

1) Baumann weiß nicht, daß auch der Wortwechsel zwischen dem Kurfürsten und einem, den er nicht nennt, kurz vor der Gefangennahme, dem Gespräch mit dem Gesandten entlehnt ist: „So hat sich Hertzog Hans Friedrich gegen einem, kurz zuvor eh Er gefangen, beklagt, das er von den Behem übel betrogen were. Und hat sie hernach etlich mal die untreuen Behemen gescholten, aber jm ist zur antwort worden, er selbs hette sie untreu gemacht." Die Klage ist ganz gut wiedergegeben, die Antwort freilich tendenziös entstellt worden. Vgl. unten.

2) Ihre Abschrift verdanke ich der Güte des Herrn Geheimerath von

„Und das nach mehr ist, als wir vermerkt, das unser Vetter dem Gefängkniß vnd Niederlag bei Muhlberg nicht hat entkomen mugen, haben wir dieselbe Stunde einen landtgreffischen Secretarium, der die Zeit bei uns im Lager gewesen, zu demeselben unserm Vettern abgefertigt, seine L. unserthalben zu ermanen, sich der kai: May. zu ergeben; wir wollten nach S. L. zum besten allen menschlichen und muglichen Fleis anwenden. Aber unser Trommeter, den wir deme Secretario zugegeben, ist von unsers Vettern Leuten, wider Kriegsbrauch, dorin die Trommeter, so hin und wider reiten, sicher gelassen werden, erschossen, und der Secretarius hat eine abschlägige Antwort bekommen; nach diesem ist die Niederlage und Gefängniß erfolgt." —

Ebendaselbst, fol. 343^b (vielfach durchcorrigirt):

„Und do sein churf. G. [1]) vermerkt, daß Herzog Johans Friedrich in der kai. May. [2]) Hande kommen wurde und daß s. f. G. albereit in der Flucht gewesen, haben seine churf. G. noch einen Geschickten sampt einem Trommeter zu gemeltem

---

Weber. — Dresdner Archiv, aus „Schmalkaldischer Krieg 1547", Loc. 9140, fol. 337. 343^b. — Für die Schreibform in Abdrücken deutscher Aktenstücke aus dieser Zeit halte ich folgende Regel für zweckmäßig: da, wo der Schreiber sich nennt, seine Schreibweise beizubehalten, abgesehen von der Interpunktion und lautlich gänzlich indifferenten Fällen, wie das consonantische u statt v und das vokalische v und w statt u. Bei anonymen Schriftstücken dagegen scheint es mir angebracht, den Text mit möglichster Penibilität in der Treue wiederzugeben, daß er gesprochen so klingt, wie ihn der Schreiber ausgesprochen haben würde, im übrigen aber die Schreibformen anzuwenden, die augenblicklich noch die vorherrschenden sind. Gerade die anonymen Schriften jener Zeit — also alle Kanzleihände, die große Mehrzahl —' tragen eine Regellosigkeit und Willkür an sich, deren genaue Nachahmung dem Herausgeber wie dem Leser wirklich unnütze Mühe machen würde. Die unterzeichneten Schriften sind fast immer regelmäßiger geschrieben und verdienen meist schon um ihrer Verfasser willen die genaue Wiedergabe. Systematisch ist dies Verfahren nicht, aber es will auch nur eine gewisse Regelung völliger Willkür sein.

1) Erste Hand: wir.
2) Erste Hand: wir.

Herzog Johans Friedriche geschickt und s. fl. G. ermahnen
lassen, Sy wolte sich auf Genade vnd Ungenade ergeben, sein
churf. G. wolten nach thuen als ein Freund nach ihrem besten
Vormugen. Sollich seiner churf. G. freundlichs vnd treulichs
Erinnern hat bei Herzog Johans Friedrich kein Ansehen haben
wollen, vnd ist seinen churf. G. darzun wider Kriegsbrauch ihr
Trommeter, so dem Gesanten zugeordnet, erschossen worden.

Doruber haben sein churf. G. nichts anders thuen konnen,
dann die Sache Gotte befehlen, der es nach seinem Willen
geschickt hat."

Sehr viel vollständiger und objektiver werden wir über
dies friedliche Erbieten des Herzogs im Getümmel des Kampfes
von der feindlichen Seite unterrichtet, durch die Relation, die
jener kurfürstliche Oberst nicht lange nach der Niederlage aus
Wittenberg an den Herzog Albrecht von Preußen gesandt hat.
Die Vermuthung Voigts, der in dem Verfasser den Ritt=
meister Wolf Goldacker sah (S. 387), ist nicht richtig,
wie mir Herr Staatsarchivar Philippi, dem ich auch für
die Abschrift des Briefes den besten Dank schulde, mitgetheilt
hat. Das Schreiben rührt vielmehr von einem Kameraden
Goldackers, Wolf von Kreutz, her: im Königsberger Archiv
liegt neben der Kopie mit der Aufschrift „Zeitung" noch das
Original selbst, mit Ort und Datum versehen: Wittenberg,
den 27. Mai 1547. Ein Brief von einem so hervorragenden
Offizier verdient auch wegen der andern Angaben, die für die
Auffassung der Katastrophe von entscheidender Bedeutung sind,
die vollständige Wiedergabe [1]):

1) Die Abschrift, die diesem Abdruck zu Grunde liegt, ist auch nur
der „Zeitung" entnommen worden. Derselben fehlt Ort und Datum.
In dem Verzeichniß der Gefangenen und Entkommenen bei Hortleber
II, 578 wird er als Unterfeldmarschall und Lientenant Wolfs von
Schönberg bezeichnet. Der weitere Zusatz erklärt seine Beziehungen zu
Herzog Albrecht: „Aus dem Geschlecht der Creutzen im Ampt Aldenburg.
Die sonst eins Geschlechts und Wapens mit den Creutzen in Preußen
und mit denen von Zecha seind."

„Nachdem der Churfurst Meichsen eingenhomen, ein zeyt da stiel gelegen und der Bhemen ankunft warttet, wie sie zu offtermalh geschrieben und durch schigkung erbiethen haben lassen, daruf auch S. Ch. G. Thomashirn letzlich auf dy Bhemen zu wartten und mitzubrengen geschrieben. Do es sich aber uber ir erbietten in die harre verzogen, ist Kai. Mt. zwischen m. gn. h. und der Bhemen einkomen und sich mit seinem krigsvolk nach des Churfursten haufen geneigt, das wir die schieffbrücken gehoben und dy brucken zu Meissen brennen haben müssen, auch bey nacht abgezogen, damit sie unser volck nicht eigentlichen besichtigen konthen. Seind deß andern tags zu mittage für Molpergk thomen, dahin das leger geschlagen. Des dritten tags sontags misericordia ist Kai. Mt mit allen haufen umb 8 hora genset der Elbe kegen uns komen, albo sein leger geschlagen. Do ist ein paur gewesen, dem hat der Kayser 50 gulden geschengkt, der ime ein forthe durch die Elbe geweist. Do sein Spanier husaurn zehen dick, auch dicker, einburch geritten, haben wir sie wider hinburch gejagt; uber dem seind der unserer zwen von Kayserischen gefangen worden, dorunder der ein hertzogs Ernst schmidt gewest, die seind vor den Kayser, kennigk und hertzog Moritz bracht worden, dy haben gesagt, wie starck wir waren, einer wie der ander; wiewol der Kayser nicht glauben hat wollen, wie des landtgraven cantzler, der Lorsi (so!), berichtet, der dabey gestanden; aber gleichwol ist der Kaiser, koning und hertzog Moritz in ein dorf geritten, sich albo angethan und bernach lermen slahen lassen. Seind husern erstlich an uns komen, hernachmals dy spanischen schutzen zu roß mit iren langen roren, dy uns grossen schaden gethan, volgend dy schwarzen reutter und hertzog Moritz mit seinem hofgesinde und unter an uns geplieben, neben, hinden, auch vor uns hinauß, und haben sich offtmals dy seinde so nau an uns gemacht, das wir sie von uns haben müssen jagen, und hat gewert von 9 an bis ungeverlich nach 6 ufn abend. Ist alles ir meinung gewest, wir sollten mit ihnen schermutzeln, bis die andern ankomen. Wir haben aber unsern abzugt unterforth genomen, was dy geul erschritten haben mogen; nachdem

hertzog Moritz unser volck genugsam besichtigt hat, do wir dan
nit mher dann 10 fenlein knecht, dy nith 3000 starck gewesen,
darzu 6 fanen reutter, die in warheyt zu dem malh an reinden
(so die mir vorliegende Abschrift; ich lese dafür veerden) nicht
1000 starck gewesen sein, hat er angehaben: es erbarmet mich
der guthen leuth. Dann er sehe, es war geschlagen volck,
und raths gefragt, ob er nicht zu seinem vettern schigken sollt;
wann er sich ins Kaisers gnad sampt dem krigsvolck ergeben
wollte, so wolt er die vorwendung helffen thun, das er zu
gnaden genomen solth werden. Des hetten ime seine rethe
zum theil treulich gerathen. Auf solchs hat er des lantgraffen
cantzler, dem Lorsi, einen Trommetter zugeben, inen zu
m. g. h. geschigkt. Daneben hat sich Cristof von Eblingen
erbotten, konth S. Ch. G. leiden, er wolt guth leuth zu sich
nemen und helffen S. G. die handlung zum besten wenden.
M. g. h. hat aber ein kurtze anthworth geben: es dorffts
nicht. Dorauf der cantzler geantworth, S. G. solten sich wol
bedencken, dan es zugen 8000 pferde wollgerust, ein itzlichs nach
seiner nacion, aufs eylenst nach, der meinung, inen mit einer
gewalth zu uberziehen, zudem 67 fenlein deutzsches und welschs
fusvolck. Aber m. g. h. ist bey der vorigen antworth plieben.
So sein sy auch so nau an uns komen, das der Lorsi nicht
widder von uns gewolth. Wie wir aber ans holtz komen sein
und gehofft, es hat nunmher kein noth, wer auch fast uber 6
usn abende, sein die bevelhaber in eyner eyll rathschlegig worden, das wir den feinden mit den reuttern den kopff bitten
wolten, bis das geschutz und die knecht durchs holtz weren.
Die schutzen wolten wir bey uns behalten und im holtz hinder
den reuttern zihen lassen, damit sie die reinde von uns ab-
halten konten. Indem, wie sich die reutter wenden, rucken dy
hussern mit 6 fanen fur uns, so setzen 2 geschwader unbesolhen
zu ihnen. Doruf drucken 2 geschwader, und wolten dy andern
2 geschwader, als die hauptfane und hoffane, auch drucken. Die
behilt ich mit grosser muhe. Wie sich aber unser reuther wider
wenden solten, so kompt von dem losen gesinde ein flucht
unther di ersten 2 fanen, barnach di andern 2, und bringen

also harth auf by hauptfane und hoffane und in by knecht, zutrennen alle ordnung, da war kein wenden und half kein ermhanung, kein schlahen, wiewoll sie sahen, das der frumb Churfurst nicht hinwegk konthe, dann die veinde so harth an im waren. Letzlich bin ich zu m. g. h. gerudt, inen durch seinen camerer draußen ansprechen lassen, wans s. g. gefellig, so wolt ich mith den reuthern uff by linde handt rennen, damit s. g. auf der andern seitten von unß komen möcht. Daß ließ er ime gefallen, so bin ich von ime komen und siedder des nicht gesehen. Er ist aber auff dem linden packen underm auge bis ans maul von einem hussern gewunth und von Spaniern gefangen worden. Wir andern, by uberblieben und dorvon komen, sein gegen Wittenbergk und Sonnewalth in die festung komen.

Was sich aber sieberdem zugetragen, werden e. f. g. hie beygebunden vornhemen¹). Der von Mastrotz hat 4 fenlein landsknecht in die stadt gelegt, ich eracht, hertzog Moritz werde sie bekomen, dan Christof von Eblingen und Schonwig sein dorbey gewest, wy man alles inventiret hatt. Dy Kay. Mt will inwendig 2 Monaten einen reichstag halten, wo der sein sall, ist unbewußt, und vormeinth m. g. h. der Churfurst, er werde vor dem reichstage nicht loeß.

Den 2. may hat kay. Mt unden beim fridholtz ubergebruckt und den 3. may ubergetzogen. Die Spanier und welsch volck sampt den hussern haben im fridholtz gelegen und unsern herren, auch hertzog Ernsten bey sich in irem lager gehapt, und sein stets tag und nacht mit Spaniern verwacht und wol gehalten worden, wie es die gelegenheith gibt.

Der Kayser, koning, Churfurst zu Brandenburg, hertzog Moritz, der Teutschmeister haben mit dem teutzschen krigsvolck umb by pulvermulh gelegen, an der Rischebach, und iren lermenplatz zwischen dem fridholtz und Teutzschen leger gehapt, und ist nichts gescantz nach geschossen. Man wil fur ein war-

---

¹) Das heißt doch wohl: „folgt hier nach"? Ob die beiden Abschnitte zeitlich differiren, der Schlachtbericht früher, während der Belagerung, die Uebersicht nach der Uebergabe der Stadt geschrieben worden ist?

zeichen sagen, das graff Albrecht von Mansfelth des von Oldenburgs und Wilhelm Thomßhiruß hauffe bey einander sein und haben mith hertzog Erich von Braunschweig hauf geschlagen, und die schlacht gewonnen, aber herzog Erich ist davon kommen.

Das hauß Mansfelth ist mith hertzog Moritzen krigsvolck belagerth, und man wil sagen, das graf Albrechts krigsvolck sampt den andern, bly wenden sich das hauß zu entsetzen. Magdeburg und Braunschweigk wollen sich nicht ergeben.

E. f. g. kann ich auch nicht verhalten, das das gantz geschrei vorhanden, wan der Kayser bi stedt getzwungen, so woll er den Deutzschen meister auch einsetzen lassen. Doch weiß ichs fur war nicht.

Den 24. may ist des churfursten gemalh zum kaiser ins leger getzogen mit dem churfursten zu Brandenburg, mit seinen 2 sonen, des konings sohn, vill spanier herren, dem keyser ein fußfalh gethan und gebetten umb erledigung ires herren leip und umb bi gesampte lehnschafft, auch umb erledigung seiner gefengnuß, landen und leutten zum besten, item die ungnade fallen zu lassen und umb erweitterung mherers landes. Die Rede hat Stachius von Schlieben gethan, auch den artickell schrifftlich ubergeben.

Den 25. may ist der koning in bi stadt getzogen, m. g. f. angesprochen und angesichts mit den hussern und seinem Behmischen volck und mit 8 fenlein landsknechten wider nach Bhemen getzogen, und man will sagen, bly Bhemen haben ihn als iren koningk erfordert. Die nacht ist er zu Schmideberg gelegen, ist in der nacht ein feur auskomen, das er mitsampt seinen zweien sonen kaum dorvon kommen sey, und ist vil volcks vorbrenth, dertzu alles des konings gelth, silbergeschir vnd anders.

Den 26. may ist Kay. Mt in die stabt getzogen, des churfursten gemalh angesprochen und getrost, sie soll sich wol gehaben, er wolth sich auf ir bith mit guediger anthwort vernehmen lassen. Es ist aber bißhero vorplieben.

Bey Seydewitz wolt ich e. g. geschriben haben, er hat

aber meiner nicht erwartten wollen. Zu dem wes ich nith, was man im in den hendeln vertrauen sall. Denn es wissen vil leuth von im zu sagen, wie er so ein frolocken gehabt, das es m. g. h. also ergangen.

Der lantgraff ist zu Leiptzigk und handelt, der marggraf Jochim und hertzog Moritz zwischen dem keyser und ime." [1]

Alle diese Angaben über die merkwürdige Episode der Mühlberger Schlacht werden nun aber durch den Originalbericht des hessischen Unterhändlers selbst in den Hintergrund gedrängt, den ich aus dem Marburger Staatsarchive mittheilen kann.

Die Darstellung, die Philipps Sekretär Heinrich Lersener über seine Theilnahme an der Schlacht und den gefährlichen Ritt im Kugelregen von der einen auf die andere Seite am dritten Tage danach in Elsterwerde, noch von allen Verbindungen mit den Siegern wie den Besiegten abgeschnitten, für seinen Herrn niedergeschrieben hat, ist nur ein Bruchstück von der reichen, monatelangen Correspondenz zwischen beiden, die, allerdings zerstreut, in dem hessischen Archiv erhalten ist und sich, soviel ich sehe, vollständig oder doch fast ganz zusammenbringen läßt. Wir können diese Verhandlungen, in deren Zusammenhang auch der Auftrag Moritz' an Lersener, jenen Ritt zu wagen, gehört, durch den ganzen Winterfeldzug hindurch bis zum Herbst, bis in das Lager von Giengen verfolgen. Sie wurden zwischen Philipp und Moritz, wie zwischen beiden und dem Kurfürsten, und von Moritz' und des Landgrafen Seite bei König und Kaiser geführt. Benachbarte und befreundete Fürsten griffen mit hinein: der Kurfürst von Brandenburg, Georg von Anhalt, des Landgrafen Schwester Elisabeth von Rochlitz; neben dem frommen Fürsten Georg selbst Philipp Melanchthon. Auch ihre Bestrebungen lassen sich aus dem Marburger Archiv durch merkwürdige und wichtige Dokumente erläutern. Neben der Correspondenz Philipps mit Lersener bewahrt es diejenigen, die er mit Moritz und dem

---

1) Copie auf 2 Bogen im herzoglichen Archiv zu Königsberg, o. D. Aufschrift außen: Zeitung.

Kurfürsten führte, die paar Briefe, die auch die letzteren noch trotz des Krieges und der Verwüstung, mit der sie einer des andern Land heimsuchten, wenn auch nicht mit direkter Adresse, gewechselt haben, die Instruktionen, Anerbietungen, Bittschriften, die Philipp oder sein Schwiegersohn für ihn an den Kaiser und König wie an ihre Minister aufsetzten, und zum Theil auch gelangen ließen, und die Gegenvorschläge, die diese machten, die Bittgesuche der Herzogin von Rochlitz und die Anregungen und Wünsche, die Georg von Anhalt und ihm zur Seite Melanchthon an den Landgrafen richteten. Diese Correspondenzen hören mit Mühlberg nicht auf. Ihre Fortsetzung nur geben die Verhandlungen nach der Schlacht, die mit der Ergebung Philipps und dem Verrath der Spanier an ihm ihre Katastrophe fanden, sowie die unermüdlichen, immer vergeblichen Bemühungen noch des gefangenen Fürsten, mildere Bedingungen und die Befreiung aus seiner Haft von der Gnade des Kaisers zu erbitten, wobei Lersener neben dem neuen Kurfürsten und Joachim von Brandenburg wieder der vorzügliche Unterhändler war. Ein sehr besonderes Licht erhalten die Verbindungen zwischen Philipp dem Großmüthigen und Moritz durch die Briefe, die dessen Gemahlin an den bedrängten Vater in der ganzen Zeit von dem Beginn des Krieges bis in die Gefangenschaft hinein geschrieben hat und deren Beantwortungen zum Theil noch in den Concepten vorliegen: auch diese Dokumente sehr zahlreich, von 8 zu 8, oder von 14 zu 14 Tagen geschrieben; sie lassen die Eindrücke erkennen, welche die zwischen den Parteien stehende, aufs engste beiden verbundene Fürstin von dem Unglück ihres Vaters, von der Ueberfallung und dem Rachezuge des Oheims, von dem Verrath, der Bedrängniß und den Triumphen ihres Gemahls in jedem Moment erhielt, oder vielleicht auch nur die Auffassung, die ihr Moritz einflößte und durch sie an den Schwiegervater gelangen lassen wollte.

Unter allen die meisten und interessantesten sind die Briefe, die der Landgraf mit seinem vertrauten Rath gewechselt hat. Hinter dem Bericht Lerseners über Mühlberg stehen diejenigen, die er von den früheren Gesprächen mit dem Kurfürsten und dem Herzoge von Sachsen gegeben hat, an Ausführlichkeit und Treue nirgends zurück: nichts spannender als die Referate über die Unterredungen, die er mit Johann Friedrich in Röta am 27. und 28. Januar, und mit Moritz so oft in Torgau und Leipzig, in Chemnitz, Freiberg, Dresden, Eger und fast täglich auf dem Marsche gegen die Elbe geführt hat; nichts über den Landgrafen unterrichtender als die Briefe, in denen dieser — die Concepte zeigen uns immer seine eigene Hand — den Gesandten instruirte; in jedem Augenblicke offenbaren sie uns, was er will und wie er denkt, was er hofft und fürchtet, seine Ansichten über die politische Lage und die Absichten, die er mit seinem Unterhandeln verfolgt, beides in dem fortwährenden Wechseln und Schwanken, sowie die Grundsätze, die er durch all das ängstliche Umhertasten, Hin- und Herbiegen und Neigen hindurch treu aufrecht erhalten hat.

Ich brauche kaum zu sagen, von welchem Interesse eine Darstellung dieser Verhältnisse auf Grund eines so unberührten Stoffes sein würde von dem ersten Anknüpfen der Verhandlungen bis zu jenen Scenen in Halle, die im Lichte der Geschichte für den Sieger noch demüthigender sind als für den Besiegten. Die hervorragendsten Persönlichkeiten der Epoche, auf die das Interesse der Mit- und Nachwelt von je her vor allen anderen gerichtet gewesen ist, treten sich gegenüber: die großen Vertreter der beiden feindlichen Principien, deren Kampf das Jahrhundert erfüllt; in dem Moment der ersten Niederlage der neuen, des ersten Triumphes der alten Ideen; in der ersten großen Katastrophe der deutschen Reformation; für alle, die in dem großen Drama handelnd auftreten, der Höhepunkt ihres Lebensschicksals, das Ereigniß, in dem sich für einen jeden der Knoten schürzt, das die einen auf den Gipfel des Sieges und Glückes, die andern in die Tiefe des Elendes und Verderbens führt; der Triumph einer Lehre, die kaum noch begonnen hatte, in einer neuen oder neu erstarkenden Strömung der allgemeinen Ueberzeugungen Haltung und Ankergrund zu finden, über die Gedanken, die seit Jahrzehnten die edelsten und selbstlosesten Geister der Zeit bewegt und schon weit über die Grenzen Deutschlands hinaus den ganzen Kreis der abendländischen Nationen ergriffen hatten, ja gerade jetzt auf neuem Boden sich mit der ihnen bis dahin fremden Kraft des Angriffes erfüllten; der Sieg — so rief die unterliegende Partei — der Lüge über die Wahrheit, des Verrathes über die Treue, jedenfalls — dürfen wir sagen — der zweckbewußten, kaltberechnenden, vor keinem Mittel verlegenen Klugheit, der einheitlichen Thatkraft und der weltüberblickenden Umsicht über das zerfahrene Getriebe eines Bundes, in dem hundert auseinanderstrebende Interessen, plumper Egoismus und religiösinniges Empfinden, gutmüthig-edles Vertrauen und bäurische Beschränktheit sich zur Vertheidigung einer Idee von höchster Reinheit zusammengethan hatten. Hier die Antriebe, unter denen jene Männer ihre Beschlüsse faßten, entwickeln, das Maß der Einflüsse, unter deren Druck sie handelten, zu der Willenskraft, mit der sie dieselben beherrschten, bestimmen, die Tendenzen erkennen, die sie verfolgten, und die Eigenschaften, die in dem Streben danach zu Tage traten, hieße das Urtheil über diese so viel umstrittenen Charaktere für immer feststellen.

So reichhaltig das Material ist, welches das hessische Archiv darbietet, dürften wir es doch nicht wagen, allein mit seinen Schätzen diese Aufgabe zu unternehmen.

Die großen Züge, die, seit Ranke sie gezeichnet, nicht verwischt werden konnten, würden auch hier wohl nur ihre Bestätigung finden. Den Landgrafen von Hessen, der es seinen Feinden stets so leicht gemacht hat, ihn zu durchschauen, in jeder Stimmung zu beobachten, die Eindrücke, die ihn beeinflußten, an jedem Tage zu verfolgen, würde auch wohl dem Historiker die überreiche Fülle von Dokumenten, die er über sein Wirken hinterlassen hat, möglich machen. Auch der Charakter des Kurfürsten ist einfach genug, um ihn in der phlegmatischen Art seiner Entschließungen kennen zu lernen. Wie aber Moritz die Anträge seines Schwiegervaters aufnahm, was er in seinen Verhandlungen überall bezweckte, was er von ihnen hoffte oder wozu er sie benutzte, in welcher Weise er sie bei König Ferdinand und dem Kaiser geführt hat, wie weit er selbständig handelte und welchen Einfluß seine Rathgeber, Christoph von Carlowitz, Dr. Türk, Komerstadt, auf ihn ausübten, welchen Antheil und Stellung diese überhaupt zu den Verhandlungen, zu einander, zu ihrem Herrn einnahmen, über diese und wie viele andere Fragen gestatten uns die Berichte Lerseners, so eingehend sie sein mögen, und die Aeußerungen und Briefe des ehrgeizigen Herzogs an den Landgrafen doch nur oberflächliche Vorstellungen. Vollends die Art, wie die Habsburger diese Anträge des Gegners und des Freundes aufnahmen, was und wie sie davon zuerst erfuhren, die Rolle, welche dieselben in ihrem Gesammtverhalten spielen mußten, können wir aus dem vorliegenden Material nur in dürftigen Umrissen erkennen, wenn sich auch ihre Politik gewiß leichter durchschauen lassen wird, als die des nach beiden Seiten blickenden, so lange schwer bedrängten, durch persönliche Rücksichten verschiedenster Art gefesselten Herzogs von Sachsen. Um den Stand der Verhandlungen in jedem Augenblicke beurtheilen zu können, müßten wir endlich zu der Darstellung des Winterkrieges in Sachsen, die wir Georg Voigt verdanken, noch genauere Vorstellungen über die Lage Oberdeutschlands und des kaiserlichen Heeres, über die böhmische Revolution, über die tumultuarischen Bewegungen der fränkischen und hessischen Ritterschaften und überhaupt die Größe der Gefahren, von denen der Landgraf sich auf allen Seiten umgeben glaubte, besitzen.

Indem ich hoffe, in nicht zu langer Frist dem angedeuteten Ziele mit reicherem Material näher zu kommen, muß ich mich hier begnügen, die Mittheilungen Lerseners über Mühlberg und besonders seinen Ritt zum Kurfürsten in Verbindung mit andern unbenutzten Quellen zur Geschichte der Schlacht wiederzugeben, ihnen ihre Stellung unter den bekannten Berichten anzuweisen und die Änderungen in der Auffassung des Ereignisses, die sich aus dem vermehrten Material ergeben, festzustellen. Und nur, um für das Referat Lerseners, dessen Inhalt die Schlachtschilderung nur zufällig und nicht ausschließlich bildet, den Zusammenhang mit den früheren Verhandlungen anzudeuten, sei es mir gestattet, den Gang derselben in den allgemeinsten Zügen zu skizziren.

———

Die Verhandlungen, in die Philipp sich verstricken ließ, sind von Moritz angeknüpft worden.

An demselben Tage, an dem er seinen Verwahrungsbrief gegen den Kurfürsten und die Rechtfertigungsschrift für seine Unterthanen aufsetzen ließ, am 27. Oktober, sandte er zugleich mit einem Schreiben an die evangelischen Stände einen besonderen Brief an den Landgrafen, in dem er ihm seine Vermittlung zur Versöhnung mit dem Kaiser anbot. Erst am Tage nach dem Abzuge, am 23. November, entließ Philipp den Edelknaben, der wohl alle Schreiben zusammen überbracht hatte, mit seiner Antwort, in der er um eine Zusammenkunft in Naumburg (an der Eder) bat. Moritz ließ den Schwiegervater so lange warten, wie dieser ihn. Als sein Gegenerbieten (Jessen, 7. December), das den Landgrafen zum 21. d. M. nach Leipzig einlud, in Kassel eintraf, hatte dieser schon, des Wartens müde, seinen Amtmann zu Reichenbach, Hermann von Hundelshausen, und den Sekretär Heinrich Lersener mit eigenen Anträgen zum Herzog geschickt. Diese erfuhren am 17ten in Leipzig von dem Ritt Moritz' nach Prag; am 20sten aber und 21sten erhielten sie in Torgau und Leipzig Bescheid, freilich nicht solchen, wie sie erwartet hatten.

Philipp hatte von dem Ernst der Situation noch gar keine Vorstellung. Die Artikel, die er zur Versöhnung mit dem Kaiser für genügend hielt, waren zugleich für den Kurfürsten gestellt; er wollte nur für sie beide die Hülfe des Schwiegersohns benutzen; er nahm nicht blos an, daß der Kaiser sie bewilligen, sondern auch, daß der Kurfürst sie abweisen könne. Und für den letzteren Fall bot er Moritz seine Dienste an: die Gesandten sollten dann den Vetter und Freund bewegen, von seinem Rachezuge gegen das Herzogthum abzulassen. Man kann denken, wie weit Moritz solche Anerbietungen von sich wies. Gegenüber dem Kurfürsten verschanzte er sich hinter dem Kaiser: der wolle keinen Gesammtvertrag, nur Particular-verhandlungen. Was die Abgeordneten auch bitten mochten, er setzte ihnen ein rundes und volles Nein entgegen. Christoph von Karlowitz¹) und er redeten in Torgau viel von dem Kurfürsten und der Ungnade desselben bei dem Kaiser, so viel, daß Lersener und sein Mitgesandter Bedenken trugen, alles der Feder anzuvertrauen. Gegen den Landgrafen erbot man sich aber alles Guten: er wolle keine Mühe und Fleiß sparen, erklärte Moritz, um ihm einen Vertrag vom Kaiser zu erwirken; er werde selbst an den Hof reiten, Philipp solle dann nach Gießen kommen. Freilich Sicherheit konnte er nicht geben, er habe diesen Vorschlag ja nur „aus sich selbst" gemacht; doch was in seinen Kräften stehe, wolle er thun; nur sei Eile nöthig, und vom Kurfürsten dürfe weiter keine Rede sein.

Die Gesandten kehrten mit den Artikeln, die Moritz ihnen aufsetzte, zum Landgrafen heim, da ihre Absicht, die Werbung bei dem Kurfürsten weiter zu betreiben, ja durch die Antworten in Torgau und Leipzig gegenstandslos geworden war. Diese Vorschläge fand ich noch nicht, aber das Gegenerbieten, mit dem Philipp Lersener am 28sten nach mehrtägigem Schwanken wiederum aussandte, beweist, daß Moritz schon damals die Forderung gestellt hat, an der er die ganze Zeit hindurch ebenso hartnäckig festgehalten, wie Philipp sie zu seiner Ehre abgewiesen hat: daß nämlich dieser sich zum Dienste gegen den Religionsverwandten und Bundesgenossen verpflichten sollte. Die neuen Verhandlungen zerschlugen sich ebenso schnell wie die früheren, weil die Anträge ebenso allgemein und vertrauensselig gehalten waren. Moritz schlug am 2. Januar in Leipzig jede Unterhandlung mit dem Vetter, selbst über einen Anstand, aus. Diese Handlung, schrieb Lersener seinem Herrn, stehe „auf dem äußersten". Gegen den Landgrafen jedoch erwies sich der Schwiegersohn so freundlich wie jemals: freilich mit dem eigenen Ritt zum Kaiser werde es seine Schwierigkeit haben, doch wolle er Komerstadt oder Türk schicken, und von

---

1) „Der kleine Karlowitz", schreiben die Gesandten.

denen werde dann einer mit dem Resultat von dem kaiserlichen
sofort an den hessischen Hof eilen. Er versäumte nicht, der
Lockung auch die Drohung hinzuzufügen, nicht mit sich, aber
mit Büren: der werde, er wisse das ganz genau, in Kurzem
mit seinen Völkern Hessen überziehen.

In den Januar fallen dann die Versuche Elisabeths, zwi=
schen den Vettern Frieden zu stiften, neue Anerbietungen Georgs
von Anhalt, die gereizten Briefe, die Moritz und Johann
Friedrich an einander über Rochlitz gelangen ließen, auch neue
Briefe des Herzogs an den Landgrafen, z. B. vom 11ten und vom
17ten, mit deren letztem er eine Antwort Ferdinands aus Prag
vom 12ten einsandte, die er auf die von ihm überschickte Wer=
bung Philipps erhalten habe. Sie lautete trostlos genug:
natürlich auf Partikularhandlung; aber wahrscheinlich werde der
Kaiser den geächteten Vasallen nur auf Gnade und Ungnade
aufnehmen. Am 22sten langte dieser Brief an. Am folgenden
Tage schon gieng Lersener mit neuen Anträgen ab. Philipp
hatte eben den Entschluß gefaßt, direkt an den Kaiser zu gehen;
Instruktionen, Memorial, Artikel waren bereits gestellt. Jetzt,
da sich von Moritz' Seite neue Aussicht auf dessen Für=
sprache aufthat, nahm Lersener Entwürfe einer Instruktion an
den Kaiser und eines Briefes an Granvella mit, die er mit
Moritz besprechen und näher formuliren sollte. Auch jetzt war
die Verhandlung mit dem Kurfürsten in Aussicht genommen:
Lersener sollte ihn zuerst angehen; und das Verlangen, das
Moritz von Anfang an gestellt, Reckerob mit seinem Regiment
und alle Hessen von dem Kurfürsten abzufordern, war auch
diesmal abgeschlagen.

Seitdem ist Lersener vor der Niederlage und Gefangen=
nahme des Kurfürsten nicht wieder heimgekehrt. Alle Ver=
handlungen, alle Vorschläge, die Philipp noch durch ihn anbieten
ließ, wurden fortan von ihnen schriftlich an einander über=
mittelt, und diese fast täglichen Schriftstücke sind, soviel ich
sehe, alle erhalten.

Lersener ritt zuerst zum Kurfürsten; am 27sten sprach er
ihn an, in Röta; am 28sten erhielt er seine Antwort. Viel

Geneigtheit fand er auch hier nicht. Was sollte auch der Kurfürst nach den Briefen, die eben noch zwischen beiden Gegnern und der Herzogin von Rochlitz gewechselt waren, von Verhandlungen hoffen? Zudem waren dies für ihn die Tage des Sieges. Zwar den Gedanken an die Eroberung Leipzigs mußte er eben damals aufgeben, aber Moritz selbst hoffte er um so lästiger zu werden. Als ihm Lersener nicht sagen konnte, ob er noch einmal vom Herzoge zu ihm zurückkehren werde, meinte er: nun, er selber wolle bald so nahe an sie kommen, daß ihm der Ritt bequem genug sein würde.

Am Sonntag in der Frühe, den 30. Januar, kam Heinrich Lersener bei Herzog Moritz in Chemnitz an, und seitdem ist er ihm, so viel es ihm möglich war, an der Ferse geblieben, bis hinter Mühlberg, bis Moritz dem Vetter nahe genug gekommen war, um ihm den hessischen Sekretär zurückzuschicken.

Am 16. Februar gieng der Herzog von Chemnitz nach Dresden; Lersener sofort ihm nach. Noch an diesem Tage, abends 9 Uhr, konnte er ihn ohne Zeugen sprechen. Er nahm einen sehr guten Eindruck aus dem Gespräch mit heim. Moritz wollte morgen zum König reiten, sechs starke Meilen: da werde er für Philipp auf den Busch klopfen; er versprach alles Beste. Wirklich brachte er am 20sten die Artikel mit, die er dem König am vergangenen Tage in Aussig nach „teuflischem Streit" (so sagte er am 21sten zu Lersener) abgepreßt hatte. Diese Vorschläge des Königs sind bekannt. Es sind dieselben, die in der von Rommel veröffentlichten Antwort Philipps vom 6. März angeführt und kritisirt worden sind [1]). Mit den Artikeln hatte Moritz die Freudenbotschaft gebracht, daß nun die böhmische Hülfe kommen werde. Schon am 17ten hatte er von den Massen gesprochen, mit denen man bald im Felde stehen werde; auch Kurbrandenburg wolle helfen, habe schon 3500 Knechte; mit 12000 Pferden würden sie bald den Kurfürsten überziehen. Jetzt brachte er die bestimmte Meldung,

---

[1]) Rommel, Gesch. Philipps d. Gr., Urkdb., S. 209.

daß der König komme; morgen werde er in Pirna sein, mit 8000 Böhmen und an 3000 Pferden; dann hoffe er bald auch die kaiserlichen Truppen, vielleicht seine Majestät selbst bei sich zu haben. Am 26sten erklärte er dem Gesandten, schon wieder in Chemnitz, nun seien König und Kaiser auf dem Zuge; die niederländischen Knechte hätten Osnabrück genommen, die Spanier seien vorausgeschickt, in 4 Tagen wären sie da. Wie erzürnte er sich, als Lersener noch einmal für den Kurfürsten zu sprechen wagte! Der Herzog habe sich sehr „beschwert" ausgedrückt, schrieb dieser: der Handel mit dem Kurfürsten stehe „auf den äußersten Wegen". Aber für Philipps Versöhnung zeigte sich der Schwiegersohn so eifrig wie je; was er nur konnte, drängte er auf dessen Ergebung.

Alle diese Briefe Lerseners, vom 17., 21., 24., 25. und 26. Februar [1]), hatte der Landgraf erhalten, als er sich zu jener Antwort am 6. März entschloß. Die Grundsätze, die Philipp hier ausspricht, kehren in allen seinen spätern Schreiben wieder. Die Abbitte und den Fußfall gab er zu, mit der Bedingung, daß die Worte, die er dabei gebrauchen solle, ihm nicht „hernach verweislich und unehrlich nachzureden" seien, und daß nur wenige Zeugen und besonders nicht sein aufsässiger Lehnsmann Graf Reinhard von Solms zugegen sein sollte, obschon er nichts davon wissen wollte, daß er die Buße verdiene: „Wir mussen thuen, wie die Kinder; wan man sie hauget, mussen sie sagen: ich habs wol verdienet, und ist nit allwege verdienet, sonder Vatter unnd Mutter hanget wol, darnach sie der Zorn ankommet" [2]). Auch ließ er sich Schritt für Schritt zu immer härteren Bedingungen verlocken. Aber die ehrverletzenden Anerbietungen hat er fort und fort zurückgewiesen, und mit gerechtem Stolz konnte er aus seiner Gefangenschaft heraus an Simon Bing schreiben: „Wollest im

---

1) Der vom 24sten ist noch in Dresden, der vom 25sten in Oederan, der vom 26sten in Chemnitz geschrieben, wo Lersener gleich nach der Ankunft morgens 9 Uhr eine neue Unterredung mit dem Herzoge hatte.
2) Rommel a. a. O., S. 211.

Gedächtniß behalten, da der römische König und Herzog Moritz sich meiner Sache annahmen und schickten mir Artikel zu durch Lersner, worin stand, daß ich gegen den früheren Kurfürsten von Sachsen thun solle, etliche Reiter und Knechte schicken, daß ich solches abschlug und nicht thun wollte." ¹)

Wir haben Briefe von dem Landgrafen an Heinrich Lersner vom 7., 9., 13., 14., 15., 16., 18., 21. März und so fort, dazwischen noch Briefe an Herzog Moritz, die Schwester Elisabeth u. a. Und überall dieselbe Gutmüthigkeit, Beschränktheit, Unentschlossenheit und Treue!

Er rief seine Ritterschaft zu sich nach Kassel. Sie dachte wie er: um keines äußerlichen Friedens willen dürfe er sich bereden und bewegen lassen, zu thun, was er mit Gott, Ehren und Gewissen nicht verantworten oder ohne sein äußerstes Verderben nicht erstatten könne ²). Von dem Artikel der Religion war zwischen Moritz und dem König in Aussig gar nicht die Rede gewesen, Philipp wollte sie unter den Hauptsachen behandelt wissen. Bisweilen erhob er sich zu größerer Zuversicht: als er von dem „Schnapp in Rochlitz" erfuhr, neue Geldanerbietungen von Frankreich durch Herrn de la Croix gebracht wurden, gute Meldungen aus Niederdeutschland kamen. Aber auch als die Aussichten wieder trüber wurden, bewahrte er seine Haltung, allen Verlockungen und Drohungen des Herzogs gegenüber, die ihm Lersner aus den immer neuen Unterredungen übersandte. „Dann sollten wir hernach hören", so antwortete er schon auf die ersten Conferenzen in Chemnitz am 30. Januar und 1. Februar, „daß einer Ding von uns sagte, die wir nit verantworten konnten, und mußten darzu still schweigen, so wollten wir lieber todt sein". Die Concepte seiner Briefe, gewiß dictirt oder auf Grund seiner Aufzeich-

---

1) 17. August 1550 bei Rommel II, 539. Vgl. Bings Tagebuch, S. 135 (Mogen, Historia captivitatis Philippi Magnanimi etc.). G. Voigt, Die Geschichtschreibung über den Schmalkaldischen Krieg (Abhandl. der k. s. Ges. d. W., phil.-hist. Cl. VI, 703 f.)
2) Philipp an Lersener, 9. März.

nungen entworfen, zeigen überall noch Correkturen und Zusätze von seiner Hand (man sieht, wie ihn diese Gedanken hin und her warfen); so der vom 9. März, mit dem er die Antworten der Ritterschaft überschickte, am Schluß: „dan da solt du herzog Moritz von unsert wegen sagen und bitten, wir wolten s. l. in alle dem, das uns moglich ist, gern verfolgen; das wir aber wider eer und gewissen thun solten, ist uns je nit moglich. Es werde auch s. l. von uns selbst nit halten, desgleichen werde weder Keiser aber König von uns halten, sunder vor einen leichtsinigen buben uns achten und dertzu uns auch rechnen."

Die Artikel vom 6. März wurden von Moritz am 11ten „ganz und ront" (schrieb Lersener) abgeschlagen. Er wolle seinen Hals verwetten, Lersener könne ihn henken oder ihm den Kopf abschlagen, wenn er andere Artikel vom Könige erlangen würde.

Der Landgraf hörte nicht auf, die Versöhnung mit dem Kurfürsten anzuregen: nichts, versicherte er seinem Vertrauten, läge ihm näher am Herzen; er wolle gern acht Wochen „in Thorn" sitzen, wenn er dadurch den Kurfürsten in die Gnade des Kaisers bringen könne. Anfangs, in Chemnitz, suchte Lersener auf den Herzog noch durch Rücksichten der Pietät und Gottesfurcht für diese Vorschläge zu wirken: sie seien ja die nächsten Freunde, der Ausgang einer Schlacht aber zweifelhaft; denn das Glück sei nicht standhaft, stehe bei Gott; beide Heere beständen ja doch aus Christen; ob Christen gegen einander ihr Blut vergießen dürften? Ob das nicht viel billiger gegen die Türken gebraucht werden solte? Auf solche Sentimentalitäten hatte Moritz nichts als Lachen, auch wohl die kurze, harte Antwort: er bete zu demselben Gotte, wie die andern. Später wurde er, so oft Lersener hiervon Anregung that, immer gröber; zuletzt antwortete er darauf gar nicht mehr. Um so emsiger war er bemüht, den Landgrafen von seinen Difficultäten abzubringen. Er ließ ihm vorstellen, wie verloren des Kurfürsten Sache, wie schwer der Kaiser auf ihn selbst erzürnt sei, wie bedrohlich das Unwetter von allen Seiten sich über ihm zusammenziehe, und wie unfehlbar es sich über Johann Friedrich entladen werde, daß auch der Brandenburger gegen den Dicken (so pflegte er seinen Vetter zu bezeichnen) ziehen werde, daß dieser selbst nichts lieber wolle als ein separates Abkommen — „vergeßt das nicht, Eurem Herrn zu sagen", schärfte er Lersener am 5. März in Freiberg wiederholt ein —, und daß ja der Landgraf gar nichts wider Gott oder die Ehre thue, denn in allen Rechten gelte kein Vertrag, kein Bündniß, keine Verschreibung wider die kaiserliche Majestät. Der Kaiser werde wahrscheinlich gar nicht darauf bestehen, daß er die 500 Pferde schicken solle; aber das Versprechen müsse er geben. Er suchte den Ehrgeiz des Schwiegervaters zu stacheln: sie müßten beide der kaiserlichen Majestät dienen; da würden sie mit Gottes Hülfe noch große Sachen ausrichten und des Kaisers und Königs liebste Söhne sein. Ja, wenn sie beide für einen Mann stünden, Kaiser und König im Rücken hätten, da wollten sie wohl jedem gewachsen sein, wer sich auch je an sie versuchen möchte.

Philipp blieb fest. Moritz unterstützte seine Argumente durch das Zeugniß des Pietro von Colonna, der „ein sehr vernunfftiger, weiser man und negst dem Granvella der geheimbst rath Keis. mt, umb Keis. mt sachen vill wisse". Von dem hatte er das famose Argument, daß kein Bündniß gegen des Kaisers Majestät gelte, der Gehorsam gegen diesen allemal ausgenommen sei. Philipp antwortete darauf am 18ten: „So viel aber betrifft die Rede, wilche der von Calumna gethan hat, lassen wir einen iben reden, was er will, aber die Ding sein in teutscher Nation also nit herkommen, daß man nicht mehr dann alsoviel solt uf Brief, Siegel, Treu und Glauben halten, wie er davon redt. Die Walen thun und reden, was sie wollen, so wissen wir ihnen in solchen Dingen nicht zu folgen, dann wir seind kein Wälscher, sondern ein Teutscher. Die Italianer achtens vor ein gering Unehr, daß sie heut einem dienen und morgen zum andern fallen. Darumb hiltet auch die Kais. Majestät selbst desto weniger von ihnen."

Mit demselben Brief übersandte er die Vorschläge, die er

als sein Ultimatum angesehen wissen wollte. Er verlangte
eine schnelle und runde Antwort, ob er darauf Gnade hoffen
könnte oder nicht. Wenn nicht, nun, so schrieb er am dritten
Tage darauf, dann werde er sich so lange wehren, als Gott
der Allmächtige Gnade verleihe. Er schalt auf den Sekretär,
daß er so lange geschwiegen, daß er auf die ehrlosen Anträge
nicht gleich erwidert habe, er kenne seinen Herren, er wisse, daß
der so etwas nicht annehme. Er bezeugte seine Verwunderung,
daß Lersener selbst gemeint habe, er müsse „etwas thun".
Und wenn er hundert solcher Briefe von ihm bekäme, er könne
nicht anders handeln, als er hier schreibe.

Dennoch wußte Herzog Moritz den hessischen Sekretär bei
sich festzuhalten. Es waren dieselben Tage, in denen er sich
doch wieder auf Verhandlungen mit dem Kurfürsten einließ,
die den Schutz und Schleier für die letzten Vorbereitungen
zum Zuge gegen die Elbe bilden sollten. Seit dem 11ten
finden wir Lersener wieder in Freiberg. Am 23sten folgte er
dem Herzog, der kurz zuvor dahin abgegangen war, nach
Dresden, um ihm die Vorschläge Philipps vom 18ten zu über=
bringen. Am 24sten erhielt er nur von Komerstadt ein Ge=
spräch. Der versprach, wie immer, sein Bestes und hielt die
Hoffnung des Gesandten rege. Am 26sten abends giengen
beide zum Herzoge. Während der Unterredung, nach 10 Uhr,
kam das neue Schreiben des Landgrafen vom 21. d. M. an.
Da ward Moritz, der schon freundlicher und hoffnungsvoller
gesprochen hatte, wieder „ernst und bewegt"; man werde es
nicht gut machen, man werde den ganzen Handel umstoßen,
man solle zusehen, daß das letzte nicht ärger werde als das
erste, man solle ihn mit dem Handel verschonen, solle andere
Händler suchen. Endlich, endlich, nach langem Handeln und
Hin= und Herreden gab er nach: er wolle sehen, was er bei
dem König und dem Kaiser ausrichten könne, so wenig Hoff=
nung er habe und so sehr er bei ihnen dadurch in Verdacht
kommen würde.

So zog er den hessischen Gesandten nach sich in das kaiser=
liche Lager.

Am Dienstag, den 28. März, folgte Lersener dem Herzog, der, so scheint es, etwas früher von Dresden abzog, über das Gebirge. Jenseits schon in Böhmen stieß Moritz zu den Haufen, mit denen der Gesandte zog. In Hayda trafen sie den König, aber die sächsischen Truppen schlugen das Lager eine Meile weiter bei Neustadt. Am 5ten trafen Ferdinand und Moritz mit dem Kaiser in Tirschenreut zusammen. Lersener, der schon dort auf Verhandlung seiner Angelegenheit gehofft hatte, fand für sich keine Unterkunft und mußte weiterziehen.

Am 6ten ritt man in Eger ein. Den Tag darauf ließ Moritz dem Gesandten erklären, er wolle morgen zum König. Wirklich hatten beide am 8ten ein Gespräch. Komerstadt, der in Hayda von dem König an den Kaiser nach Tirschenreut, dort von Lobron an Arras gewiesen war und schon mit diesem hin und her gehandelt hatte, konnte ihm den Inhalt sagen: es war das alte Hin- und Hergerede, bittere Klagen, halbe Versprechungen und immer härtere Forderungen. Am 9ten morgens, so vertrösteten er und Türk ihn, solle er Antwort erlangen. Am Abend dieses Tages konnte letzterer ihm berichten, daß Moritz gestern und heute mit dem Könige mehrere Stunden hart geredet habe; er sei dann zu Alba und Arras gegangen; der König bestehe auf der Auslieferung der Festungen. Lersener antwortete, wie ihm sein Herr geschrieben: dieser könne die festen Plätze nicht abtreten, er wolle sich eher zerreißen und mit den Haaren herausziehen lassen. So ständen die Dinge, berichtete er noch an demselben Tage nach Kassel: er handele mit dem Herzoge, der Herzog mit dem Könige, der König mit dem Kaiser, der Kaiser mit Niemand weiter.

Unablässig bestürmte Lersener in Eger bis zum Auszuge Herzog Moritz, und verhandelte dieser, wie er wenigstens dem Gesandten versicherte, mit dem Könige, Hans Hoffmann, Graf Lobron, Alba, Arras. Am 12ten morgens, als schon die Truppen zum Abmarsch bereit standen, rief er noch den Sekretär zu sich in sein Gemach: gestern Abend sei er wieder bis 10 Uhr beim König gewesen und habe hart mit ihm geredet, gefragt, ob er denn nicht so viel um seinetwillen thun möge, und die Antwort erhalten, ja, wohl noch mehr; Ferdinand habe es auf sich genommen, mit dem Kaiser zu reden; er selbst werde es auch thun, heute noch, im Felde; Lersener solle nur auf Komerstadt warten. Er versehe sich, Majestät werde heut den rothen Rock anziehen; wenn sie den anhabe, so sei es Zeit. Er könne freilich dem Gesandten nichts sicheres versprechen, nur thun, so viel an ihm liege; doch habe er allerdings recht gute Hoffnung.

Die Nacht brachte Lersener in Mühlhausen nahe bei Adorf zu, Moritz bei dem Hauptquartier in dem Flecken selbst. Am folgenden Tage sprach dieser ihn auf dem Marsche an. Gestern habe er mit dem Könige gehandelt; der werde es an den Kaiser bringen. Am 14ten konnte Lersener den Herzog, der bis Zwickau streifte, während er in Plauen blieb, nicht ansprechen. Am 15ten ritt derselbe bei ihm vorüber; er war auf dem Wege zum Kaiser und der Nachhut, um die Meldung von dem Putsch der Kurfürstlichen auf Dresden am 13ten und 14ten zu überbringen; „hat aber geeilet" (meldet der Memorial= zettel, dem diese Angaben entnommen sind) „und mich nicht angesprochen". Als Lersener am 16ten gegen Werdau ritt, um den Herzog zu suchen, stieß dieser im Felde zu ihm, sagte: „Lerssener, ich hof, euers herrn sach solle gut werden, morgen wil der Keiser zu felde schlagen. Ich wil itzo hin und das lager besehen. Ich hore, Digkwambs sei zu Freiberg. Wan er nur beiten wolte, seiner solte ubel geweret werden." Ler= sener antwortete: „Der almechtig Got helf, das meins hern sach gut werde. Der wolle sein gnade dazu verleihen." Der Herzog ritt weiter, indem er ihm bei Komerstadt zu bleiben befahl. Am 18ten abends hatten beide eine neue Unterredung über einen am vorigen Tage im Lager bei Glauchau ein= getroffenen Brief Philipps (wohl der vom 4. April), der, wie er wieder auf endliche Antwort drang, so natürlich Moritz' heftigsten Zorn erregte. Am nächsten Morgen konnte er aber mittheilen, daß für heute der König die endgültige Antwort zugesagt habe. Leider konnte ihn Moritz an diesem Tage nicht treffen, aber am 20sten kam er zu Lersener: jetzt habe der

König mit dem Kaiser geredet. Freilich, Gewisses konnte er
gar nichts geben, aber das werde nicht lange auf sich warten
lassen; kein Baum, tröstete er, falle auf den ersten Streich.
Von demselben Tage noch haben wir einen Brief Lerseners:
kürzer wie die andern; dafür schickte er den Memorialzettel,
wie er ihn von Tag zu Tag seit dem Abzuge aus Dresden
geführt hatte. Er entschuldigte, wie schon früher, sein langes
Bleiben, die Verlegenheit, in die ihn die ewigen Versprechungen
und Täuschungen gebracht hatten, bat um Antwort, ob er
nun bleiben solle oder nicht; er wisse nicht, wo diese Dinge
noch hinaus wollten; es stehe bei kaiserlicher Majestät und in
Gottes Händen.

Hier also setzt das Schreiben vom 27. April ein.

„Durchl. ꝛc. Euer f. G. Schreiben, geben zu Cassel den
18. diß Monats, ist mir heut hie zu Elsterwerde zukommen,
das habe ich alles Inhalts unterdeniglichen verlesen.

Nun werden euer f. G. aus dem schreiben, das ich jüngst
bei dem Preussen an euer f. g. gethon, vernommen haben,
wie sich die handlung bis an den tag datum desselben briefs
von der zeit ane, als der herzogk zu kei. mt. kommen ist,
verlaufen und verzogen hat. So will Euern fürstlichen gnaden
ich ferrer unterdeniglichen nicht verhalten.

Den 20. dies monats ist das lager vor Leissnigk geschlagen. Als man ins lager kommen, ist herzog Moritz gezogen
zu besichtigen, ob der Churfurst und die seinen vorhanden und
anzutreffen weren; ist usplieben bis in die nacht, das sein
f. g. ich nicht habe konden ansprechen.

Den 21. den morgen fruc habe ich vor des herzogen gezelt
ufgewartet. Als der herzog heraus gangen, hat er mich angesprochen, gsagt: Lerssener, ich habe gestern den konig nicht
konnen ansprechen, wie du selbst gesehen, aber itzo will ich zum
kaiser ziehen und widder anregen. Sagte, ich besorgte, wan
man nun vor den feind keme, würden sich teglich scharmutzel
und andere kriegshändel zutragen; so wurde dann meins her-

ren sach stecken pleiben; bate, sein f. g. wollte den handel furdern ꝛc. Sagt der herzog: nein, sie soll gewiß nicht stecken pleiben; wann wir nur kemen, da wir ein tag oder zwen still legen, so wil ich so fleissig anhalten; es muß zum ende kommen, ich will alles das thun, das menschlich und muglich ist; was menschlich und muglich ist, das will ich thun.

Dornach habe ich Dr. Comerstatten angesprochen. Sagt er mir, er were bei herren Hansen Hofman gewest; hette herren Hansen gesagt, ich hette inen gebetten, herrn Hansen zu bitten, das er den handel wolte zu endlicher antwort furdern; daruf herr Hans gesagt, es hette ime einer gesagt, ich were heut zur antwort beschieden; daruf Dr. Comerstatt geantwort, ich hette ime gesagt, ich wartet noch uf antwort, hette keinen bescheid, wuste nicht, woran ich were; er hette herrn Hansen angezeigt ursachen, das sehr gut were vor den konig und vor seines herren, des herzogen, sach, das der lantgrave vertragen wurde; dann solte der lantgrave nicht vertragen werden, wurde nach grosse unrue und verlengerung des kriegs zu besorgen sein; Her Hans hett sich erbotten, er wolts furdern, und gesagt, er hetts albereide bei seinem herren dem konige angeregt und persuadirt, das sein her der konig ime bewilligt, den handel bei seiner k. mt. zu furdern. In dem ist her Hans Hofman vor uns uber geritten, und seint Dr. Comerstat und ich hern Hansen nachgangen, seiner uf dem wege uf seiner widberköre zu wartten; alsso ist her Hans in seiner widberköre uf uns gestossen, hat den doctor angesprochen, und der doctor vor andern zu hern Hansen gsagt: das ist der man, da ich E. g. von gesagt habe, E. g. wolle den handel furdern; hat her Hans sich gegen mir gneigt mit dem haubt und gsagt: ich wils treulich furdern, ich wils treulich furdern, lieber Verssener.

Denselben 21. tagt ist man stilgelegen. Der herzog ist ussgeritten gewesen. Zegen abent seint 6 feintlin knecht und die obresten uss Leipsigt kommen, und ist der herzog beim keiser und konige gewesen, das bei seiner f. g. ich nicht habe konnen weither anregen.

Den 22. am morgen hab ich abermal uf den herzogen gewartet. Hat der herzog widder mich gsagt: gestern bin ich zu entlicher antwort beschiden wurden; ich habe aber nicht konnen dabei sein; spreche mich im selbe widder ane; ist ufgesessen und geritten; bin seiner f. g. ich von stundt an gefolget, habe im selbe uff sein f. g. gewart, dieselbige angesprochen, gsagt, sein f. g. hab mich geheissen, sein f. g. solt ich im selbe widder ansprechen; sagte der herzog: ja, warte uf mich, pleibe bei mir, es kennet dich doch nymant, ich will den keiser ansprechen und anhalten, das entliche antwort gefalle; du solt sehen, ich will mit fleis anhalten.

Bin seiner f. g. ich gefolget. Sein f. g. sein mit dem duc de Alb im vorzuge gezogen, haben mit einander durch den dolmetscher Cursium¹) vil geredt bis vor das lager, darin k. mt. solte liegen. Da ist kundtschaft kommen, der churfurst sei uf derselbigen seiten der Elb, ziehe zu inen. Da hat man angefangen, schlachtordnung zu machen und kriegsrath gehalten. Nach dem ist der herzogk mit ezlichen leichten pferden uffgeritten, dinge zu besichtigen.

Wie ich da ins lager komen, hat E. f. g. schreiben, des datum den 17. aprilis, Policarpus²) mir uberantwort. Alsbalde ich dasselb gelesen, bin ich zu Dr. Comerstatten gangen, habe ime darvon anzeige gethon, inen lassen lesen, gebeten, er wolts bei dem herzogen furdern, das ich in einen wegk oder den andern wegk entlichen bescheidt mochte erlangen; solte oder wolte E. f. g. hohes erbieten angenommen werden, so gut; wo nicht, das man doch dan mich lenger nicht wolte ufhalten; dan ich besorgte uff solchem verzuge, man mochte beide Euer f. g. und den herzogen gefaren (so!); dan man mochte hernach zu irer gelegenheit sagen: ja, herzog Morizen zu gefallen und umb seinet willen, sonst ist kein ursach in der wellt, darumb es solte beschehen, will k. mt. den lantgraven zu gnaden kom-

---

1) Buonaccursio Gryn. Ueber ihn bes. Druffel, Viglius' Tagebuch, passim.
2) Policarpus Pickel, ein Bote. Vgl. unten.

men laſſen; und mochten doch die condicionen ſo ſchwer machen,
das E. f. g. die nicht konten oder mochten annemen, und dan
ſagen: ſehet, das hat der keiſer umb herzogk Morizen willen
thun wollen, aber der mangel iſt am lantgraben, er will ſelbſt
nicht ꝛc. Habe inen auch gebeten, er wolte das, was das
geliehen gelt betrifft, bei ſich laſſen pleiben¹). Das hat er
mir zugeſagt, und ferrer gſagt, der lantgrave erbiete ſich gnug;
ſein herre thue auch allen fleis, als were es ſein eigne ſach,
als trefe es ſein eigen leib und leben, ehr und gut ane; er
wolle ſehen, das er mit ſeinem herren rede, habe faſt der=
gleichen mit Dr. Jona geredt, der habe unter anderm gſagt:
wan das irer majeſteten hendel weren, das ſie alſo pflegten
zu handlen. Den abent hab ich bis in die nacht uf den
herzogen gewartet, aber er iſt ſehr ſpede komen und hat ſich
alsbalde gelegt.

Den 23. des morgens frue habe ich uf den herzogen vorm
zelde gewarttet. Hat Commerſtat den herzogen berichtet und
der herzog das ſchreiben von mir gefunden, gleſen, gſagt: ich
kans den (ſo!) Lantgraben nicht verdencken, du ſolt heut ant=
wort kriegen. Da ſagte Commerſtat: wollen E. g., ſo wil
ich zu hern Hanſen Hofman gehen, den habe ich geſtern an=
geſprochen; lautet ſehr wole zur ſachen; wil inen anſprechen
und Lerſſennern mitnemen. Sagt der herzog: ja, gehet zu
ime.

Daruf ſagte ich: her Hans Hofman iſt ein frommer her,
aber diſſer handel iſt ſo gethon, das er nicht bei den dienern
ſtehet, ſundern bei k. und kö. mten, und iſt auch nicht beſſers,
will man des handels ein ende haben, dan das E. f. g. ſelbſt
k. und kö. mten anſprechen, bei denen den handel zum ende
furdern in einen oder den andern wegk, dan es ſtehet zu be=
ſorgen, es mochten beide, euer f. g. und mein herre, mit der
handlung gefahren ꝛc. werden. Dan man mochte hernach

---

1) Gemäß der Inſtruktion Philipps, der ihm früher geſchrieben hatte,
er möchte den Herzog auf die Geldunterſtützung, die er von Frankreich
erhalten, aufmerkſam machen.

sagen: der lantgrave hat so groß gesundigt, das k. mt. inen keinswegs zu gnaden nemen konte, auch umb nichts willen, das uf erden ist; aber umb E. f. g. und irer bit 2c. willen will k. mt. inen zu gnaden annemen, und dan die condicion so hoch beschweren, das mein her die nicht konte annemen; dan wurde man wollen sagen: ja, der mangel ist am lantgraven, er will selbst nicht, 2c. Sagt der herzog, wie zuvor oftmals, er wolte fleis thun.

Dr. Commerstat und ich seint zu hern Hansen Hofman gezogen. Erstlich hat inen der doctor angesprochen, darnach ich selbst. Habe E. f. g. sach entschuldigt; E. f. g. hohes erbieten angezogen 2c., gebeten, er wolte die sach zu furderlichem guten ende helffen furdern 2c. Hat er unter anderm gsagt: es ist dannost ware, der lantgrave ist von solchem furnemen zeitlich abgestanden; ich wils treulich furdern, ich wils treulich furdern.

Nachdem unterdes herzogk Moriz zum keiser gezogen, seint Commerstat und ich vor des Keisers losement gezogen; da habe ich Dr. Commerstatten vermucht, das er hinein gangen, da keiser, konig und der herzog bei einander waren, und den herzogen von meinetwegen erindert und angemanet hat, das sein f. g. die sach zu entlichem bescheit furdern wolte.

Den 24. den morgen umb 2 schlege habe ich den herzogen widder angemanet. Gab er mir bescheidt: sprich mich im selbe widder ane, wan die hauffen zusamen stossen, so will ich den keiser ansprechen. Alsbald bin ich dem herzogen gefolgt. Und als die haufen zusamen stiessen, kaiser, konig, herzog Moriz und duc de Alb zusamen kamen, hab ich den herzogen durch Krammen (?) lassen anmanen, er wolte meins hern sachen nicht vergessen. Hat der herzog gesagt: Lerssener, ich wil deiner nicht vergessen, pleibe bei mir, ich versehe mich, es werde noch heut was werden. Also bin bei seinen f. g. ich plieben.

Ungever umb neun schlege seint kei., koe. mtn., herzog Moriz und duc de Alb in ein dorf, ein virtel meil von Molberg dissit der Elbe oberwerts Molberg gelegen, dan sie hatten kuntschaft, das der Churfurst noch jhenseit der Elbe zu Molberg im lager were; haben im dorf ezwas gessen; kei. und ko. mtn., auch der herzog ire harnasch angelegt.

Indes kamen ezliche welsche schuzen zu roß einzeln ane, liessen sich uf der Elbe sehen. Das wurden die Churfurstischen geware, schicken bis in 30 pferde uf jhenseit der Elb heran, zu besichtigen, was vor handen were. Mit denen scharmuzelten die welschen schuzen uber die Elb mit schissen. Die Welschen ritten in die Elb, so weith sie konten, hielten und schiessen, also zogen dieselben churfurstischen pferde bald widder nach Molbergk.

Da kamen keiser, konig, herzog Moriz, duc de Alba und der dolmetsch Cursius. Kei. mt. ließ gebieten, iderman solte halten pleiben. Zogen keiser, konig, herzog Moriz, duc de Alb und der dolmetsch mit einander die Elb hinab bis jegen Molbergk, besahen alle gelegenheit.

Indes furet des keisers zeughmeister verborgen 6 stugk feltgeschuz jegen Molbergk in die weiden. Da kamen auch die spanischen hackengschuzen, in bi 4000. Die name man halb und furet sie ans lager, und es erhub sich ein schwinds schissens und scharmuzelns uber die Elbe. Darnach furet man das ander teil der spanischen schuzen auch uf die Elbe, und namen sie in der Elbe ezliche schiffe, des Churfursten schifbrucken. Unterdes ließ der Churfurst sein fußfolg und geschuz voran abziehen, und scharmuzelten seine reisige schuzen uf dem fort. Da zoge ein geschwader schuzen durch die Elbe, schossen des Churfursten schuzen zuruck. Ezliche male wanten sie sich widder, schossen dieselben schuzen widder vom uber herab in die Elb; darin plieben sie dan halten. Zulest (so!) wurden die Churfurstischen durch die spanischen schuzen und das schuzenfenlin, so in der Elbe hielte, abgedrungen, und gewannen die keiserischen die Elbe uf beiden seiten inne. Kei. mt. aber wolte dem handel nicht vertrauen, wolte nicht, das man mehr reuther hinuber schicken, nach die, so druben hielten, ferrer nacheilen solten. Es wurden aber zwen reisigen gefangen, die berichteden kei. mt., das der Churfurst in eigner person da und uber

5000 stargk zu roß und fues nicht were. So sahe man auch, das sie bannen zogen. Da ließ kei. mt. die hussern und spanische ober welsche reitende schuzen uber den furt setzen, das sie sich solten an den Churfursten hencken und inen ufhalten, und solte herzog Moriz, als der den vorzug hatte, mit allen seinen geschwadern hernach ziehen.

Als ich nun solchen scharmuzel, abzug und des keisers vornemen sahge, ließ ich mich duncken, es wolt der krieg sich zum ende nahen; reite zu herzog Morizen; der hielt am furt; wolt uberziehen. Sagt sein f. g.: Lerssener, ich hoff, wir wollen heut dem krige ein loch machen. Sagt ich: ja, als mich der handel ansicht 2c. Bate abermal, sein f. g. wolth doch E. f. g. sach nicht vergessen, dieselb zum ende bringen, dan es wurde numehr hohe zeit sein. Sagt sein f. g.: ja, Lerssener, ich wils nicht vergessen, du solt kein zweifel haben.

Da hab neben sein f. g. ich durch die Elbe gesetzt, und das vornehmlich umb des befelhs willen, den E. f. g. mir in des Churfursten sach gethan, ob die sach noch hett mugen zur handlung bracht und blutvergiessen verhut werden.

Wie sich da der uberzugk vor die Churfurstischen zugetragen, das wirdet Policarpus, der mit mir vor den haufen gewesen, E. f. g. bericht haben.

Als nun herzogk Moriz sambt herzog Augusto die hauffen wole besichtiget, und man gesehen, das sie nicht darvon gemocht, ist herzog Moriz bewegt wurden, hat an mich gesonnen, ob ich wolte hin zum Dicken reiten. Sagt ich, was ich ime sagen solte. Sagt der herzog, ich solte ime sagen, der keiser sei da mit aller macht, ime sei unmuglich, das er dissen tag darvon kommen muge; so er sambt denjenen, die er bei sich habe, sich wolle ergeben, so wolle ich sehen und fleis haben, ob ich inen und diejenen, di er bei sich hat, bei der kei. mt. zu gnaden bringen muge, wiewol das ers nicht umb mich verdienet habe. Und sagte sein f. g. zum andern male widder mich: Lerssener, wolt du hinreiten? Ich wil dir ein brompter zugeben. Wiewol nun sich der ernst albereid hatte angefangen und der scharmuzel groß und hart ware, nachdem umb E. f. g.

bevelhs willen, und ob Gott hett wollen gnade verleihen, das blutvergiessen hett mugen verhut und die sach uf die wege gericht, das der Churfurst und diejhenen, so bei ime waren, zu gnaden hetten mugen angenommen werden, bin ich mit dem drompter hingezogen, wol beschossen, aber uß gnaden Gottes nicht troffen wurden. Und ist herzog Ernst zu Braunschweig zu mir kommen, hat mich kant, beim Churfursten angesagt, zum Churfursten lassen bringen. Hat der Churfurst gsagt: Lerssener, was bringst du? Hab ich gesagt, herzog Moriz hab an mich gesonnen, ob ich wolte zu sein churf. g. ziehen, und mir befolhen, sein churf. g. anzuzeigen, der keiser sei mit aller macht da, seinen churf. g. sei unmuglich, das sein churf. g. den tag muge darvon kommen; wolle sein churf. g. sambt denen, die sein churf. g. bei ir habe, sich ergeben, so wolle herzogk Moriz sehen und fleis thun, ob er sein churf. g. und diejenen, die sein churf. g. bei sich habe, bei der kei. mt. zu gnaden bringen muge. Daruf haben sein churf. g. gsagt: Lerssener, das seint nicht wortte, da man krancken mit trosten soll[1]). Herzogk Moriz meinet villeicht, er habe herzogk Henrichen von Braunschweig hie[2]). Es stehet nicht in irer macht, es stehet in Gottes handen. Sagt ich: ja, aber warlich, gnädigster her, sie seint allernegst an euch und seint der meinung, das sie euer churf. g. bissen tagk nicht wollen von inen lassen kommen. So wissen euer churf. g. ir gelegenheit, und ist der keiser mit grosser macht da. Sagt der Churfurst: seint der keiser und der konig da? Sagt ich: ja. Seint sie uber das wasser? Sagt ich: ja, mit allen reisigen. Fragt sein chrf. g.: ist das fusfolgk auch heruber? Antwort ich: das kan ich nicht wissen, dan ich bin mit herzogk Morizen mit den ersten heruber gezogen; das hab ich aber gesehen, das sie die schifbrucken krigen,

---

1) Also gerade umgekehrt wie die Worte Baumanns lauten, die gar nicht der Stimmung und Situation entsprechen. Vgl. oben, S. 2.

2) Ironische Anspielung auf die vielfach als zweideutig verschriene Haltung Moriz' bei den Verhandlungen zwischen den Schmalkaldenern und dem tollen Heinz 1545.

die C. chrf. g. da verlassen; die reichen wol halb uber di Elbe, und ließ der keiser seine schifbrucken darzu furen, und waren dieselben voller Spanier. Sagt er: wo ist herzog Moriz? Antwort ich: er ist allernegst bosornen an euch, dan er hat den vorzugk. Sagt der Churfurst: er wolte gerne Churfurst sein. Druf sagt ich: ich besorgs, dan kei. mt. gibt ime den titel. Sagt der Churfurst: ich weis, ich habs gesehen¹). Wir haben nicht weit an walt; der walt ist da vor uns; wan wir den erreichen, so hats kein noth. Darzu ist's spede, bi nacht wirdt bald anfallen; ich hoff, wir wollen von inen ziehen. Finge an, fragt: ist dein her mit dem keiser vertragen? Sagt ich: nein, noch nicht, aber man vertrost mich allen tagk entlicher antwort, und hat sich lange verzogen, das der verzugk seinen f. g. schwere ist und mir armen gesellen ganz gefarlich und sorglich; ich hab dem herzogen runt gesagt, auch also m. g. h. geschrieben: ich besorgte, sie werden beide, mein gnebigen herren und den herzogen, betriegen; die hielten sie uf, wurden hernach sagen: der Lantgrave hat diß und das gethon und so hart widder kei. mt. gehandlet ec., das ime kei. mt. nicht kan nachlassen umb nymands willen; aber umb euer, herzog Morizen ec. willen wollen kei. mt. den Lantgraven lassen zu gnaden kommen uf bi und bi condicion; werden bi condicion so schwere machen, das e. f. g. die nicht kont oder mucht annemen ec. ²). Sagt der Churfurst: Lerssener, ich wolte du werest widder bei deinem herren, es macht deinen herren all sein handel irre; ir werdet wol sehen, wans inen gelunge, das sie mich erlegten, wie's deinem herren gehen wurde; sie halten euch nur uf. Sagt ich: wan·m. g. h. mir het geschrieben und mich abgefurdert, so were ich lengs gern darvon gewesen und abgezogen; solt ich aber abziehen, ehe mein her mich abfordert und ehe ich entliche antwort krige, besondern

---

1) Wohl in oder unter Briefen.
2) Vgl. oben, S. 28. — Dergleichen Wiederholungen und Umständlichkeiten haben alle Berichte Lerseners, die ich kenne, auch die aus andern Jahren. Ein Beweis für seine Gewissenhaftigkeit.

weil man immer jagt: heut jolt du entlich antwort krigen, jo muß ich bejorgen meins hern ungnad, dan er wurd jagen, warumb ich der entlichen antwort, dweil mir jolcher bejcheit wurden were, nicht erwartet hette, ich hett jein f. g. den handel abgejchnitten. Solt ich dan lange warten, wie albereit bejcheen, und dan der handel entjteen ¹), wolle man alle jchult uf mich legen; aljo jeie ich in hogjter jorge und gfar. Sagt der Churfurjt: Lerjjener, du hajt nichts gewijjers. Darnach haben jein f. g. (jo!) mit andern geredt, villeicht uß meinem anbringen, und hat es jich ein weil verzogen, das ich verurjacht, jein chf. g. widber anzujprechen. Sagte: gnbjter her, was jol ich dan vor antwort haben; dan es ijt zeit, jie werden der antwort warten, wo bi nicht balde kombt, furtbrucken. Sagt der Churfurjt: Lerjjener, ich halt, du pleibjt dijje nacht bei uns; den trompter wil ich bei mir behalten; er mocht jonjt jagen, wie mein gelegenheit were. Sagt ich: da es e. chf. g. jo haben wollen, im namen Gottes, man hat mich jonjt bißher umb jolche dinge zu fragen unterlajjen, und ob man mich gleich fragte, jo wußte ich jie nicht zu bejcheiden. Demnach bin ich hinter dem Churfurjten geritten. Da haben jie den brompter, jo bei mir ware, zweimal von mir gedrungen. Das erjt mal hat er jich widber bei mich gemacht, das ander mal jahe ich mich nach ime umb, aber ich kont inen nicht erjehen, und kame einer von hinden zu, erwujcht mich beim hembt und wambs am halß, jagte: gebe dich gefangen ꝛc.; ich jahe inen unter augen ane, jagt, er jolt gemach thun, ich were nicht jolcher gejtalt da, und rief zum Churfurjten, der vor mir reite, und drungen jich andre zwijchen den Churfurjten und mich, und wolt mich der zurugk haben, aber einmal drei oder vier rief ich dem Churfurjten, das er jich umbjahe und jagt: laß inen mit frieden. Aljo reite derjelb zum Churfurjten und redte mit jein churf. g. Balde darnach gehet die flucht ane, und bin ich beim Churfurjten plieben, bis er nicht mehr darvon gemucht und die feinde hinder ime und zur rechten hand vor

---

¹) d. h. fehlſchlagen.

ime waren, auch iderman, was fliehen mocht, darvon geflogen. Da hab ich neben dem Churfursten uf der lincken seiten voruber gerandt, und wiewol uf dem wege widder einer an mich kommen, so ist er doch plieben, und hat mir Got von inen geholfen. Ufm wege bin ich an Wolfen von Schonbergk, her Jorgen von Neckroden, Wolff Kreuzen, und mit denen ghen Schlieben, dabannen ghon Sonawalde (Sonnenwalde) und furter hier kommen.

Nachdem ich aber der hussern und welschen streiffenden rotten halben nicht widder ins lager kommen kan, hab ich zweimal an herzog Morizen geschrieben, wie e. f. g. ab beiligender copien zu sehen finden. Was sein f. g. mir uf das erste schreiben widder schreiben lassen, des schicke e. f. g. ich auch hierneben copien. Uf das leste schreiben bin ich noch antwort wartende.

Und wil e. f. g. ferner unterbeniglich nicht verhalten, das mir von e. f. g. diener Martin Sandern, der bei mir ist, angezeigt, das des schultheissen son von Geißmar das geschrei ins lager bracht, E. f. g. nemen reuther und knecht ane, wollen den nidberlendischen hauffen schlagen. Derhalb ich auch nun im lager, ob ich darin konte kommen, in hogster gfar sein wurde. Bitt unterbenig, e. f. g. wollen mir ufs eilendst zu erkennen geben, da sich der entlich bescheidt lenger wolte ufziehen, wie ich mich halten solle, ob ich solle abziehen oder was ich thun solle; ob ich mich auch ungnad bei euern f. g. besorgen solle, dweil der Churfurst mir solche warnung gethon.

Das habe e. f. g. ich unterbenig nicht sollen verhalten ꝛc. Elsterwerde, am 27. aprilis 1547."

Die von Lersener mitgesandten Copien liegen dem Schreiben bei. In dem ersten Briefe, aus Finsterwalde den 25. April, theilte er dem Herzoge ganz kurz die Ausführung des Befehls und seine Flucht mit, im zweiten, aus Elsterwerda gleich nach der Ankunft, am 26sten, vom Hofe Haubolds von Maltitz, bat er um die Beförderung von Philipps Sache und für

sich um sicheres Geleit durch die von den kaiserlichen Streif=
patrouillen unsicher gemachte Landschaft. In der Antwort auf
das erste Schreiben (aus dem Lager vor Mühlberg, den
26. April) forderte Moritz ihn auf, nach Dresden oder Meißen
zu kommen.

Lersener begab sich darauf in die Residenz, wo er am
28sten eintraf und sofort die Herzogin zur Fürsprache für ihren
Vater aufforderte. Diese beschloß demgemäß, bei Moritz an=
zufragen, wohin er sie haben wolle, damit sie bei dem Kaiser
persönlich um Gnade für den Vater bitten könne.

Aus dem Brief, in dem Lersener seinem Herrn hierüber
Mittheilung machte (Dresden, den 29. d. M.), können wir
noch einige Nachträge zu dem Brief über Mühlberg entnehmen:

„In meinem schreiben, dorin E. f. g. ich von der beschen
nidderlage unterdenige anzeige gethon, hab ich vergessen:

Der Churfurst sagte unter anderm: Lerssener, ich bin
getrent, ich habe mein volgk nicht bei einander. Antwort ich:
ja, ich weis wol, und ist E. f. g. grosser nachteil ꝛc. Sagten
sein churf. g.: in die last bringen mich die Behemen, die un=
treuen leuthe [1]).

Es ist hie in der stat ganz ruchtbar, E. f. g. haben
reuther und knecht angenomen, schicken ezliche Graf Albrechten
von Mansfelt zu. Ezliche sagen darneben: so das sei, werden
E. f. g. zu keinem vertrage kommen; warnen mich mit erin=
derung, was gfar mir doruf stehe; ich stels aber in den willen
Gottes, was er hie und dort mit mir schaffen wolle.

Doctor Commerstat hat mich ein schreiben sehen lassen,
das ime einer geschrieben, der bei der rede gewesen: der Chur=
furst hab zu kei. mt. begert, kei. mt. hab inen vor sich gestat;
hab er gesagt: gnedigster her keiser, ich bin euer kei. mt., die
wollen mich halten als ein gefangnen fursten. Doruf hab

---

1) Vgl. oben, S. 2, Anm. 2. Ein guter Beweis, wie rasch und
tendenziös richtige Mittheilungen in der Weitererzählung entstellt zu wer=
den pflegen.

kei. mt. gesagt: bin ich nun euer keiser? Ich wil euch halten nach gelegenheit und nach euerm verdienst, gehet von mir hinwegk. Und sol ir mt. den Churfursten dem duc de Alb zu verwaren zugestelt haben." [1])

Auch Moritz versäumte nicht, gleich nach der Schlacht dem Landgrafen die Sendung Lerseners und den Friedenseifer, den er damit an den Tag gelegt, „Herzog Hans Friedrich" aber leider nicht gewürdigt habe, zu melden. Er fand dadurch Gelegenheit, dem Schwiegervater überhaupt von seinem Triumphe zu erzählen. Der Brief, von einer Kanzleihand verfaßt, aber von Moritz unterzeichnet, gleicht sehr dessen Schreiben an seine Räthe in Dresden, das von Langenn abgedruckt ist (a. a. O. II, 305). Erst nach der Unterzeichnung konnte Moritz die Nachricht hinzufügen, daß Lersener glücklich nach Senftenberg entkommen sei.

Herzog Moritz an Landgraf Philipp.

„Im Feltlager vor Mulbergt, 25. April 1547.

„Unser freundtlich ꝛc. Wir wissen E. L. nicht zu verhalten, daß wir neben der romischen kais. und kon. Mt., derselben und unserm Krigsvolk gestern vor dato aus dem Feltlager bei der Jana aufzogen, im Gemuth, unser Nachtlager vor Mulberck, hie diesseit der Elbe zu haben und den Feint ferner zu suchen. Als aber etlich der unsern an die Elbe des Orts verruckt, haben wir Kunde bekommen, daß Herzok Hans Friderich mit seinem Kriegsvolk zu Roß und Fuß etwas in stattlicher Anzahl doselbst zu Mulberck in und umb den Flecken nach gelegen. Darauf haben die kais. und kon. mast. und wir uns entschlossen, uns noch des Tags umb ihnen anzunehmen. Und nachdeme aber das Wasser, die Elbe, zwischen uns und dem Feinde gewesen, haben die unsern einen Fort troffen, daß

---

1) Jedenfalls der Brief Sibottendorfs, aus dem Langenn die betreffende Stelle abgedruckt hat (Moritz von Sachsen II, 306), nicht der von Türk an denselben (ebend., S. 304). Vgl. unten.

ihre etliche hinuber uber den Elbstrom kommen, sich mit dem Feind in Scharmutzel eingelassen und ihme etliche Stuck seiner Schiffbrucken und anders uff dem wasser abgebrungen, bis so lange er sich mit den seinen in Abzuck begeben und sein Leger verlassen. Darauf wir mit allen Haufen durch die Elbe zu Roß (weil es mit uberbrucken zu lang worden) gesetzt und, Got Lop, glucklich uberkommen, dem Feind die leichten Pferde angehängt und mit dem andern reisigen Zeuge, dann wir das Fußvolk so eilends nit uber das Wasser bringen mugen, neben der kais. und kön. Mat. nachgeeilt, denen wir nit weit von Torga nach etlichen gehaltenen Scharmutzelhen, dorin sie sich als Kriegsleut erzeigt und die unsern etlich mal zuruck geschossen, angriffen und durch sein gottliche Verleihung mit alle seinem Volk geschlagen und erlegt, Herzok Hans Friderichen von Sachsen eigener Person mitsampt Herzok Ernst von Braunschweik, Graf Ernsten von Gleichen und andern mehr Hauptleuten und Rittmeistern, dero Namen uns noch nicht aller (so!) angezeigt mugen werden, gefangen, das Geschutz, den Hauptfahnen mitsampt dem Troß und allen gemelts Herzoch (so!) Johanns Friderichs und andern Wagen erobert, auch vil vom Adel und andere gefangen, das alles wir Gott pillich dankbar sein. Und so wir dann hieraus verhoffen, daß durch fernere Verleihung des Almächtigen nunmer hieraus ein guter, beständiger Friede, Ruhe, Recht und gepurlicher Gehorsam im heiligen Reich erfolgen solle, zuforderst, wann E. L. mit der romischen kaiserlichen Mt. vertragen" — so fordert er Philipp auf, sich alsbald zum Vertrage zu schicken. Verspricht dazu seinen besten Beistand.

Zettel.

„Wir haben auch umbs Besten willen, als wir erfahrn, das Herzock Hans Friderich zu Mulberck gewest und wir uns ungefärlich vermutet, was daraus erfolgen mocht, E. L. Gesanten Heinrich Lersner mit seinem guten Willen vor dem Angriff zu ihme geschickt, dem wir einen unserer Trommeter zugeben, und ihnen ermahnen lassen, daß er in Erwägung, wie sein Sachen gelegen, sich an die kai. Mat. ergeben wollte, mit der Vertroſtung, daß wir die Hofnung hätten, bei ihrer Mat. zu erhalten, daß ſein Mt. ihnen zu Gnaden ufnehmen ſollte. Darinnen wir uns auch unſers muglichen Fleiſſes die Sachen zu fordern erbotten. Wir ſeint aber ohne Antwort gelaſſen und barzu bericht, das unſer Trommeter, den wir ihme zugeben, von des Feinds Leuten umbbracht, und ſeint des Lerſeners Zukunft auch noch gewertick, wiſſen auch nicht, wie es umb ihnen ſtehen mack.

P. S. ſeint uns Zeitung komen, daß der Lerſener noch am Leben und ſich zu Senftenberck ufhalte, badannen wir ihn zu uns brengen wollen."

Landgraf Philipp, der noch am Tage nach der Schlacht Lerſener in einem neuen Briefe zur Entſcheidung drängte, erfuhr banach von Policarpus Pickel das große Unglück. Von Lerſeners Schickſal konnte dieſer aber noch keine Mittheilungen machen. Philipp meldete dies ſeinem Schwiegerſohn am 30. April und erbat ſich von ihm umgehenden Beſcheid. Am nächſten Tage konnte er ſchon auf den Brief des Herzogs aus dem Feldlager vor Mühlberg antworten.

Landgraf Philipp an Herzog Moritz.
Kaſſel, 1. Mai 1547.

"Daß nun unſer Herrgott des Churfurſten halben die Sachen dermaſſen geſchickt, iſt ſein gottlicher Will alſo geweſen, und wollt Got, daß wir die Folg vor etlichen Jahren und Monaten gehapt, ſo ſollts euer beider Liebden halben dahin nit komen ſein.

Dieweil es aber ohn Zweifel umb unſer aller Sunde willen zu dem komen, ſo muß der gottlich Will ſeinen Vorgang haben.

Wir bitten aber E. L. frundlich, ſie wolle die frundliche und gegen kai. Mat. unberthenige Verwendung thun, daß der Churfurſt muge zu Gnaden komen. Das wirdet E. L. loplich nachgesagt, auch als gegen dem Überwundenen ruhmlich sein. Und obs wol der Churfurst gegen E. L. nicht verdienet mocht haben, so wills doch Gott belonen, als der da spricht, man sollt vergeben, so will er uns wieder vergeben." — —

Es mag nicht ohne Werth sein, auch zu vernehmen, wie die Gemahlin Moritz' ihrem Vater über die Niederlage des Kurfürsten mit eigener Hand geschrieben hat:

„Hertzlieber her vatter, ich kan e. g. nicht bergen, das der almechtige Got durch sein verhencknus hat den Korfursten in kei. mat. hand geben, wiewol mein herzlieber her in hat lassen sagen, ehr solt sich sampt den seinen ergeben, so wil mein her im sampt den seinen einen gnedigen keiser machen. Aber ehr hat es nicht annehmen wollen, darumb mein her wol entschuldiget ist disses blutvergissens halben."

Neben diesen schönen Dokumenten aus dem hessischen Archive kann ich hier noch zwei ebenfalls merkwürdige Relationen über die Mühlberger Schlacht aus dem Straßburger Stadtarchiv (AA, 561), auf die Herr Professor Baumgarten mich aufmerksam gemacht hat, zum Abdruck bringen. Ich gebe zuerst den minder bedeutenden Brief, den Doktor **Ludwig Gremp** an seinen Freund, den Stättemeister von Straßburg, Jakob Sturm, über die große Katastrophe der Partei 4 Tage später aus Borna geschrieben hat.

Dr. Ludwig Gremp an Jakob Sturm [1]).

Borna, den 28. April 1547.

„Edler ernvester, euch seyen mein guttwillig dienst allzeit mit vleyß zuvor. Gunstiger her, wiewol ich in khein zweyfel sez, das vor uberantwurtigung dieses schreibens die zeittung bey

---

1) Original. Herr Dr. Wiegand in Straßburg war so freundlich, mir die Copie anzufertigen.

euch anthomen werden, jedoch weyl sie etwas ungleich oder
unbestendig sein möchten, so hab ich inhalts entpfangnes bevelchs
nit underlassen wöllen euch in eyl bericht zu thun, wie sich die
sach verloffen, denn wiewol ich uf gester durch die post in er-
farung khomen, wie der churfurst gefangen, so hab ich doch
den grund nit ee denn uf heut eigentlich erkhundigen mögen.
Und hat sich der handel, wie ich vor zwei stunden von einem
ritter, so dabey gewesen und der euch wol bekhant, vernumen,
also zugetragen: est ist die Key. Mt. den sonntag Misericordie
zu morgen in Müllenberg, doch hie ihm zu (?) der Elb, mit
allem kriegsvolck anthomen und der churfurst dort jhenn[seits]
der Elb mit des Neckenrotts regiment sampt etlichen geschwader
reytter gelegen; und als die Spanier sich underſtanden, die
schiffung des Churfursten zur hand zu bringen, do hatt er sie
zum theil mit straw anzienden lassen. Aber es haben zwen
Hispanier sich außgezogen und ire rapier in die meüler ge-
numen, volgens hinuber geschwomen und ein schiff heruber
gefurt. In mittlerweil haben die hussser ein furt durch die Elb
gesucht, denselbigen gefunden. Alsbald hatt die Key. Mt. die
husser sampt hertzog Moritzen schutzen zum angryff verordnet
und wiewol die husser ein mal zwey zurück gewichen, so sind
doch in mittler weyl die andren geschwader reytter sampt der
Key. und Kon. Mt. selbs mit voller ordnung durch die Elb
befördert, haben also die Churfursteschen, so bereit im abzug
gewesen, mit gewalt angegriffen und die knecht uber verwund
noch byß an der 1000 erlegt, der reitter aber wenig beschedigt
oder in hafft gebracht, dan sie den Lochischen wald zur hand
gehabt. Und ist der churfurst gar nahend zwo meil weges hinden khomen und von einem husser ereylt und gefangen worden,
welcher im das schwert, tolchen und sporn abgezuckt (abgezert?),
desgleichen ist auch sein cantzler und h[erzog] Ernst von Braunschweig gefangen worden, daneben seien, sagen des churfursten
bruder auch nibergelegt, so soll sein sun erschossen worden sein;
aber obberürter ritter vermeint: nein, denn des churfursten
bruder soll in Wittenberg sein, und ist man nit gewyß, ob
des churfursten sun enteilt oder umbkhomen. Der churfurst soll

Reckerod und anderen nit hohen rhum nachsagen. So hatt die
Key. Mt. Wittenberg uffgefordert durch ein Trumeter, aber
abgeschlagen antwort empfangen. Also versieht man sich, ir Mt.
werd in zwei oder drei tagen dafur rucken. Daneben vernim
ich, wie der churfurst mit gebogenen knyen die Key. Mt. gebetten, sie wolle im als ein gnedigester keyser in der gefengkniß
gnediglich halten, und daruff ir Mt. geantwurt haben soll:
ich will uch halten wie du verdient. Dergleichen soll auch der
konig in mit scharffen worten angeredt haben, wiewol das
noch ungewyß ob ir Mt. in angesprochen oder nit. Der churfurst soll gebetten haben, im seinen mundkoch, scherer und
camerer zu vergunstigen, soll aber noch die zeitt nit bewilliget
sein. Die knecht, so verwundt gewesen, hatt die Key. Mt. verbunden und daneben sy beeidigen lassen, wieder Key. Mt. in
ewigen zeitten nit zu dienen. Dux (?) de Alba verwart den
churfurst, hatt im einen langen talar oder rock angelegt und
einen spitzigen hutt uffgesetzt. Est ist des churfursten cantzley
und sunst vil guts im feld gefunden worden. Die Key. Mt.
hatt noch kein bleyblich ort, byß sie gen Wittenberg khompt.
Acht, des nit (?) ir Mt. hoff vor 1. May nit eintreffen werden.
Gott geb gnad. Wolt ich euch aller dienstlicher meinung zu gut
nit unanzeigt lassen, bitt mich des unvleiß enschuldigt zu haben,
den ichs nit me zeit gehabt. datum zu Born den 28. Aprilis.
  lub. Gr.
  dem edlen und ervesten herrn Jacob Sturmen
      alten stettmeystern zu Straßburg meinem
      gunstigen herrn."

Sehr viel interessanter und wichtiger als dieser Brief eines
unbetheiligten Civilisten ist nun aber der zweite, weit längere
Bericht über die Schlacht aus dem Straßburger Archiv, der
ebenfalls nur wenige Tage nach der Schlacht und, wie man
wohl annehmen darf, von einem Theilnehmer niedergeschrieben
worden ist:

Niderlag des Churfurste hertzog Hans Friedrichen zu Sachsen (gleichzeitiger Kanzleivermerk) [1]).

"Als die Ro. kaif. Mt. uff Sonntag den XXIIII Aprilis aus ihrem Leger, so bei einem Dorf zum Hoff genannt gehapt, verruckt, des Vorhabens, den Feind, der dann den Tag zuvor von Meissen aus Forcht und Schrecken weg gezogen und die Bruck uber die Elb hinder ihme abgebrend hatte, nachzuziehen und auf das furderlichest zu ereilen; und hat gleichwol ir Mt. den Weg gemeinem Geschrei nach nit auf Meissen zugenummen, sunder, nachdem sie in Erfahrung kommen, das sich der Feind zwa Meil under Meissen in ein Stetle genannt Mülberg nieder gelassen, ihren Weg und Zug demselben Stetlin, welches zwa Meil von unserem Leger war, zugewend und die Schiffbruck alba hinzu der Nacht zuvor geschickt. Es hat aber ihr Mt. in solchem Ziehen dermassen Fleis furgewend, das unsere Vorreitter bei frier Tagzeit die Feind an der Elb Verwahrung des Paß und ihrer Schiffbrucken, welche sie die Elb hinab zu fieren vermeinten, angetroffen und mit halben Hocken zusamen geschossen haben; und ist unser Vorzug unlangest hernach auch nit fer von dannen sampt dem gewaltigen Haufen ankommen, welches dem Feind, dem von Sachsen, der eben zu derselben Zeit Predig gehert, so gar frembt gewesen, daß er unser Ankunft erstlich nit glauben, folgens die unsern nur fur ein gesamlet verlaufet Volk geacht, gleichwol zu ihnen mit etlichen ringen Feldschuß geschossen hat. Nachdem aber sich die Haufen noch mehr genehert und die spangissen Hockenschitzen, so in Vorzug gewesen, das Wasser erreicht und folgens zu den seinen, so in den Schiffbrucken und an dem Gestat gewesen, dermassen geschossen, daß sie die Schiffbrucken und Gestat verlassen und dem Stetle zugeeilt, auch wir etlich Stuck Feldschoß an das Wasser gebracht und zu den Feinden hinuber geschossen haben, hat sich gedachter Feind von Sachsen nicht wenig entsetz (so!).

---

1) Ich bezeichne diese Quelle im Folgenden als Str. Anon. (Straßburger Anonymus).

Ist eilends zu Rath worden, dieweil er des Thumbshirns, der die Beheim uffrierig machen und sie ihme zufieren wollen, des Kaisers unversehenen Ankunft halber nichts erwarten kunden, mit seinem Volk den Festungen Wittenberg zuzuziehen, und hat darauf von Stund an den Troß sampt dem Geschütz zuvorhin geschickt und das Fußvolk sampt eim Teil des reisigen Zeigs gleich hienach ziehen lassen und die Schiffbrucken, deren gleichwol die Spanger schon ein Theil erobert hätten, zu verbrennen befohlen; er aber ist mit dem andern Teil des reisigen Zeigs, uns den Paß aufzuhalten und den seinen bester mehr sicheren Abzug zu geben, noch ein Zeitlang daselbst verharret; hat sich aber der seinen unserer Hockenschützen halben genseits des Wassers am Stab niemands mehr sehen lassen. Darburch etlich der unseren verursacht, sonderlich der Spanger, einziger Weis hienieber zu setzen und zu schwimmen und ferrer der Feind Gelegenheit zu erkundigen. Als aber dieselben wol widerumb herieber kommen, an dem Stat niemands von Feinden gefunden und von ihrem Abziehen eigentliche Kundschaft gebracht haben und mittler Weil auch durch ein Bauren und Landsässigen ein Furt uber das Wasser angezeigt worden, hat die Kais. Mt. etlich Pferd von Teutschen, Spangern und Hussern in das Wasser setzen und den angezeigten Furt versuchen lassen; darauf bis in hundert Pferd der unsern uber das Wasser kommen sind, die sich von Stund an ihrem Brauch nach auf allen Ort getheilt, auch unlangs von den Feinden widerumb zuruck in das Wasser gejagt worden seind, welche Feind nit bei dem Paß oder Furt des Wassers gehalten, sonder fer hinter dem Stetlin Milberg. Sie sind auch, nachdem sie die unsern also gejagt und wieder in das Wasser getrieben, bei dem Wasser nicht halten plieben, sonder sich von Stund an wiederumb fer von dan gethan und den unsern also Zeit und Weil geben, wiederumb zu ihnen aus dem Wasser auf das Land zu setzen und mit ihnen zu scharmutzlen; aus welchem gefolgt, daß die unsern was beherzter und freidiger worden, sie aber, die Feind, erschrochener und verzagter, also daß sie unlangs nach solchem sich gar von dem Wasser in den

Abzug geben und daſſelbig den unſern frei und ſicher zu paſſiren verlaſſen haben, in welchem Fal ir Schrecken und Unbeſinnenheit großlich zu verwundern iſt, wo ſie auch, nachdem ſie die Schiffbrucken verlaſſen, mit wenig Reitern der Schitzen am Stat hetten ſehen laſſen, wie ſie wol und ſicher thun mogen hetten, hetten ſich die unſern nit underſtanden, in das Waſſer zu begeben, von welches Tiefe und ſtrengen Laufs ſie nit weniger Gfar dan von den Feinden beſorgen miſſen, ſonderlich bieweil uber das am andern Geſtat nicht ein kleine Hehe zu uberwinden waß, wa ſie auch nachmals, nachdem ſie die unſern, ſo hieniber kamen, wiederumb zuruck und in das Waſſer gejagt, alba verharren waren oder ſich abermals nur ſehen laſſen, hätten die unſern nit allein wiederumb zu uns heriber weichen miſſen, ſonder ſich ferrer hienieder zu begeben nit underſtanden. Aber ſolches ſonder Zweifel ein Strafe von Gott iſt, welcher die großen fiernehmen Häupter, wann er ſich (ſo!) ſtirzen und erniederigen will, zuvor alſo verſtopft, das ſie ihren Vortheil nichts erſehen nach ſie ihr Macht, Schenk (ſo!) gepranken kinden, ſonder werden mit ſehenden Augen plind und eilen zu irem Verderben.

Nachdem nun die k. Mt. geſehen, daß die unſern alſo ſicher das Geſtat genſeit des Waſſers inhielten und ſich kein Feind mehr ſehen liſſe, auch ſonſt eigenblich vernahm, daß die Feind ſamentlich im Abzug waren, iſt Ihr Mt. zu Rath worden, gleichwol wider ihrer vieler furnehmſten Räthe Meinung, die Huſſern und ringe Pferd ſampt Herzog Moritzen Reiter ſamendlich durch das Waſſer ziehen zu laſſen und folgens mit der ko. Mt. und dem uberigen reiſigen Zeig hienach zu trucken und den Feinden nachzuziehen. Welchem alſo Folg geſchehen. Und iſt in kurzer Zeit der ganz reiſig Zeig durch das Waſſer kommen. Mittler Weil hat man nit underlaſſen, ein Schiffbrüchen zu ſchlagen, damit das Fußvolk auch hernach kommen mecht, aber kay. Mt. hat derſelben nit erwarten wollen, ſonder iſt mit dem reiſigen Zeig aufs eilends und was man an den Pferden haben mogen, furtgezogen, und ſind in ſolchem Eilen und Nachziehen die Feind ungefarlich 3 guter Meil Wegs von dem Ort, da mir uber das Wasser kamen, von unserm Vorzug erreicht und gestat worden, neben einem Holz, das sie zu ihrem Vortheil brauchen wollten (dann zuvor hatten sie durch eitel ebene und offne Feld, so man die Locher Heid nennt, ziehen miessen), vielleicht der Hoffnung, sie wollten sich allda unser erwehren, bis die Nach (so!) volls herzu käm und sie alsdann ihren Abzug sicher durch das Holz nehmen kinden, wol erhalten heben, als ir Ordnung gemacht, daß die Fußknech (so!) das Holz zum Vortheil und an der Seiten hatten, den (so!) reisigen Zeig aber, die Spiesser und Schitzen, auf der andern Seiten hielten, zu welchen man beseits umbs Gemeß und besser Gräben halben nit sowol kommen mochten (so!); der Troß und das Geschitz waren schon fort und in das Holz hienein gebracht, also daß sie eben als wenig Vortheil des großen Geschitz halben hätten als wir. Als nun die kay. Mt. mit ihrem Haufen den Vorzug erreicht und der reisig Zeig aller zusammen kam, ward den Hussern und ringen Pferd befohlen, vor der Feind Ordnung hienauf die Fußknecht darzunehmen (so!) und anzugreifen, Herzog Moritz aber mit seinen Reitern ihnen nach auf die Reisigen darzubrucken. Welchem also Folg geschach, und schossen der Feind Schitzen zu Roß und Fuß auf die unsern ab, aber ohn einich Weichen und Zertrennen. Nach welchem Schiessen satzt Herzog Moritz mit seinen Schitzen selbs personlich in der Feind Schitzen zu Roß, welche den Platz der rechten Seiten oder Fliegels inhielten, nit ohne kleinen Vortheil, dieweil die Feind, nachdem sie abschossen, nit gleich wieder zum Schiessen gefaßt mochten sein, und worden auch solche Schitzen bald von ihme (so!) vertrennt und folgens der Spiesser Hauf angriffen, welcher sie auch ohne einichen sondern Stand und Gegenwehr gleich gewend, und eilend beid der Reisigen Haufen dem Holz zu. Aber in solcher ihrer Flucht ward der Feind Fußvolt, so noch fest in ihrer Ordnung hielten, nicht wenig erschreckt, auch in ihrer eigenen Ordnung durch sie zertrennt, derhalben sie auch ohne langern Stand in die Flucht geben; die Hussern und ringe Pferd waren ihn auf dem Hals, hieuß (so! = hiebens) darnieder, also daß der Fußknecht mehrer

Theil erschlagen und die, so gefangen, hefftig verwund worden sind. Gleichwol kam den Knechten und Reitern das Holz, so sie an der Hand hatten, zu großem Vortheil, dann viel der Knecht sich darein errettet, welche, wo sie schon hernacher eintseliger Weis im Nacheilen ergriffen, doch nit also von den Unsern erwirkt und verwund worden seind. Der Reisigen sind nit viel uff dem Angriffplatz erlegt, aber im Nacheilen ist der mehrer Theil erwirgt und gefangen worden. Allen Droß, Geschitz und des von Sachsen und anderer mehr Herrn Wegen, darauf man viel Gelds und Guts und sonderlich sein des von Sachsen Canzlei und etliche Zahlungen gefunden, hat man im Holz ereilt und geplindert. Kais. Mt. hat selbs mit allen reisigen Haufen bis in die Nacht nachgeeilt, aber die Hussern und ringen Pferd haben etlich Meil Wegs schier bis auf Wittenburg ihnen nach gerennt. Der von Sachsen ist nit fer von der Niederlag von etlichen Hussern und appolotanischen (so!) pferden Reisigen erreicht worden; hat sich mit wenig der Seinen in Gegenwehr gesetzt und mannlich gewehrt, darieber auch in das Angesicht durch einen Hussern verwund worden, aber letzlich sich ergeben miessen; und gleichwol ein Hussern sein Schwerd und Dolken abgegird, so hat doch gemelter gefangner Furst von Sachsen kein Hussern oder Wälssen (so!) die Hand, sonder einem teutschen Edelmann, so auch darbei gewest und Herzog Moritzen zugeherd, mit Namen Trott, gegeben. Die appolitanisse Pferd aber haben ihnen zu dem Feldobersten, dem Herzogen von Alba gefiert, welcher solches alsbald k. Mt. kund gethan. Darauf ihr Mt. befohlen, gedachten Gefangnen fier sich zu pringen, das aber der Herzog von Alba zum dritten Mal abgeschlagen und darfier bitten lassen, der Fiersorg, ihr Mt. mechte in der ersten Hitz und Zorn was ungenediges sich gegen ihm erzeigen. Nachdem die k. Mt. solches je haben wollen, ist er zuletzt fir sie bracht worden, und (ausgestrichen: hatt ihr Mt.) hat anzeigt: Allergenedigster (ausgestrichen: her, ich) Kaiser, ich bin E. K. Mt. Gefangner, mit unberthenigster Bitt, ihr Mt. welle ihn, als ein gefangnen Fürsten gebiert, halten, und ein gegenedige (so!) Gefängnuß ver-

orbnen. Darauf ihr Mt. ihme ihn die Red gefallen, sagende, ob
sie aber jetz sein Kaiser wäre, welle ihn auch halten, wie er
verdient heb, und ihn folgens gleich mit schlechtem von sich
sieren lassen. Die Konlich Mt. hat aber ihn etwas hitziger
angeredt, under anderm siergewend, er habe ihn und seine Kind
von dem Seinen verjagen und in Armuth bringen wellen.
In solchem ist gedachter von Sachsen sampt Herzog Ernsten
von Braunschweig und Grobahagen (so!) sampt des von Sachsen
Canzler Joß von Hain und sein Secretari auch (ausgestrichen:
gefangen auch) neben andern vielen vom Abel gefangen und
niedergelegen worden, welche gefangne Fürsten dem Meister
de campa oder obersten Feldmarschalkt, mit Namen Alfonso
Fives [1]), uberantwurt und ihme zugelassen worden. Nach
etlich seinen Dienern er begert gen Wittenburg zu schreiben,
die auch zu ihme kommen und auf ihn wardent. Er wird in
seinem Wagen, dessen er sich zuvor gebraucht, hernach gesiert,
und von spangissen Hockenschitzen verwart und auf das best
gehalten und gedractirt. Seiner Sin (so!) einer ist in der
Niederlag geschossen und verwund worden, aber davon kommen. Es ist auch des Grafen von Beichlingen Bruder gefangen worden. Herzog Hans Ernst ist nit bei der Niederlag,
sonder etlich tag zuvor (ausgestrichen: vor; übergeschrieben: zuvor)
an ander Ort verritten gewest. Der von Beichlingen, Rickrad,
so der Fußknecht Oberster gewest, und viel ander groß Hansen
sind nicht die leste plieben und davon kommen, mit welchen
auch ihr Herr, der Herzog, nit wol zufrieden ist. K. Mt. ist
nach erobertem Sieg wieder hinder sich uber das Wasser gezogen, aber erst gegen dem Tag in das Leger, welches man
nit ser von dem Wasser der Elb, namlich in eim Dorf, (Lücke)
genannt, geschlagen hat, ankommen, und ist allda damit die
Pferd, so gar mied und abgeritten waren, wiederumb a wenig
(so!) außrugen mechten, 2 Tag still gelegen. Mittler Weil
hat ihr Mt. Trommeter gen Torgauw und Wittenburg geschickt und die stett aufforderen lassen, darauf sich Torga

---

1) Der Name ist in eine Lücke eingeschrieben.

ergeben, Wittenburg solches aber gewidert (so!) hat. Derhalben ihr Mt. mit ihrem Kriegsvolk demnästen auf Wittenberg zugezogen und wiederumb under Wittenburg uber die Elb gepruckt und ihr Leger nit fer von der Statt jenseits der Elb, da dann die Stadt gelegen, geschlagen hat; albo man noch verharrt und täglich mehr Vortheil, die Stadt zu besissen (so!) und einzunehmen suchet und alle nothwenige Riftung und Bereitschafft Thuns und Bereitschafft darzu thut, ohne Zweifel, wo die Sach nit vertragen, wie man dann in ernstlicher Underhandlung steit und sie, die k. Mt., mit Ernst darumb annemen wird, in kurzem erobert werden."

Der Verfasser dieser merkwürdigen Zeitung hat sich nicht genannt und will sich nicht mehr ermitteln lassen. Aber seine Partei hat er nicht verschwiegen. Die „unsern" und der „Herzog von Sachsen, der Feind" werden überall entgegengestellt. Einmal heißt es „uns den Paß ufzuhalten", ein ander Mal „also, daß sie eben als wenig Vortheil des großen Geschitz halben hätten als wir", an dritter Stelle „und sind... 3 guter Meil Wegs von dem Ort, da wir uber das Wasser kamen, von unserm Vorzug erreicht und gestat worden". Das „wir" und die ganze Fassung dieses Satzes lassen einen Theilnehmer vermuthen. Zwingend ist der Schluß nicht, aber es spricht nichts gegen und vieles für Augenzeugenschaft: neben der Genauigkeit der Mittheilungen zumal das militärische Interesse und Urtheil des Verfassers. Die ausführliche Betrachtung über den taktischen Fehler, den der Feind mit dem Preisgeben des Flusses begangen habe, entspricht genau der Bemerkung, die aus den Commentarien des Kaisers berühmt ist; er sucht die Absicht, welche die Feinde mit ihrer Aufstellung am Walde verfolgten, zu errathen; er bemerkt, wie dieselben durch die Voraussendung ihrer Artillerie sich selbst des Vortheils beraubt hätten, der ihnen damit gegen die Angreifer gegeben gewesen wäre. Unter den hervorragenderen Theilnehmern an der Schlacht dürfen wir ihn hingegen nicht suchen. Dann würde er schwerlich die Niederlage des Kurfürsten als eine göttliche

Verblendung auffassen, mit der der Herr die „großen fürnehmen Häupter" überhaupt treffe, wenn er sie stürzen wolle, und noch weniger die spöttische Bemerkung machen, daß der von Beichlingen, Reckerod und viel ander groß Hansen nicht die letzten gewesen seien, die sich glücklich salvirt hätten. Auf die Herkunft läßt sich vielleicht aus der Sprache schließen. Seine durchgehende Feindschaft gegen die Ü=, Ö=, Eu=Laute (uffrürig, zusieren, herieber, Milberg, Schitzen, gehert, Zeig), und Wortformen, „besser" statt „böser", „a wenig" statt „ein wenig", mögen die Annahme nahe legen, daß er nicht weit von dem Orte, wo er gekämpft, auch seine Heimath gehabt hat.

War er nun wirklich ein Mitkämpfer, so wollte er doch nicht blos schreiben, was er selbst erlebt hatte. Dadurch unterscheidet er sich von den meisten andern Berichterstattern, den Briefstellern Imhof, Creutz, Guzmann u. s. w., auch von Lersener. Selbst die Historiker wissen kaum andere Dinge zu erzählen, als die auf der kaiserlichen Seite vorgegangen sind. Nur bei Avila und Faleti finden wir eine so gleichmäßige Berücksichtigung der feindlichen Maßnahmen. Der Str. Anon. will in der That eine Zeitung geben, einen Bericht über den Verlauf der Schlacht in allen ihren Theilen und auf beiden Seiten. Obschon er naturgemäß mehr von dem kaiserlichen Heere zu sagen weiß, so erzählt er doch auch von der Predigt, die der Kurfürst in Mühlberg gehört, von dem Kriegsrath, in dem die Preisgebung Thumshirns und der Rückzug auf Wittenberg beschlossen sei, von den Maßregeln, die man zur Sicherung des Flusses getroffen habe, und besonders ausführlich von der sächsischen Aufstellung an der Waldecke. Eine Reihe von Zügen, an denen andere Berichte nur mit einem oder wenigen participiren, finden sich in dem des Str. Anon. vereinigt: die Voraussendung der kaiserlichen Schiffsbrücke, der Kriegsrath des Kurfürsten, sein Gang in die Predigt, der Kampf um die sächsischen Böte und an der Furth, der Angriff am Walde, die Ergebungsscene u. a. Manches, wie besonders das Scharmützel an der Furth, ist bei ihm genauer als irgendwo erzählt, und es ist bemerkenswerth, daß mit Ausnahme der Meinung, gerade der Kaiser hätte auf dem Durchreiten des Flusses bestanden, keine seiner Angaben aus andern Quellen widerlegt werden kann.

Für die Abfassungszeit der Relation können wir ziemlich enge Grenzen finden; es ist eine Zeitung aus dem Lager vor Wittenberg, nachdem der Kaiser dort den Fluß überbrückt und ihn überschritten hat, schon etwas später, während „ernstlich" verhandelt wurde und die Belagerungsarbeiten eine rasche Eroberung zu verheißen schienen; also nach dem 3. Mai, an dem der Kaiser nach der Angabe Wolf Creutzens über die am vorigen Tage errichtete Brücke zog. Der Endtermin darf aber nicht über den 12. Mai hinabgerückt werden, d. h. über den Tag, an dem Hans Baumann sein Opus über die Mühlberger Schlacht „in der Kaiserlichen Majestat Feldläger vor Wittenberg" verfertigt hat.

Man weiß, wie erfreut und stolz der Buchdruckergeselle a. D. und Trabant Herzog Albas in seiner Vorrede sich darüber ausspricht, daß er jetzt wirklich seinem geliebten „Vatterland" Rottenburg a/Tauber den Dank abtragen könne mit der Widmung seiner unparteiischen Darstellung der Schlacht, von der so mancherlei ausgeschrieben und vorgegeben werde, „deren dann ich auch selbst etliche (doch gemeiniglich nit vberein lautend) antroffen". Ich bedaure sehr, den literarischen Ruhm, den der brave Buchdruckergeselle drei Jahrhunderte genossen hat, schmälern zu müssen. Denn Baumann hat fast nichts gethan als den Str. Anon. ausgeschrieben, verkürzt, umgeformt, bisweilen auch mißverstanden. Außer der Vorrede eignen ihm nur einige Zusätze, deren problematischer Werth uns zum Theil schon durch die Parallele des Lersenerschen Briefes klar geworden ist, zum Theil weiterhin an den Tag treten wird. Zum Beweise, daß dies und nicht etwa das umgekehrte Abhängigkeitsverhältniß das richtige ist, wird es keiner vollständigen Gegenüberstellung bedürfen; jeder Satz bezeugt es. Um die Methode, mit der Baumann arbeitete, zu erkennen, vergleiche man z. B. seine ersten Sätze, in denen ich die Zusätze

4*

einklammere, die Uebereinstimmungen durch gesperrte und kleine Änderungen durch Schwabacher Schrift kenntlich machen will.

„Als die Röm. Kaise. (vnnd Königkliche) Maie. (sampt Hertzog Moritzen zů Sachsen, vnd seiner F. G. brüder, Hertzog Augusto, vnd allem Kriegsvolcke, zů Roß vnd Fuß) auff den Sontag (Misericordie Domini) den XXIIII. Aprilis ausz jrem (Feldt)leger bey der Jana zwischen Lummitisch und Mügiln (zu morgens) verrucket, der feind aber den tag zůuor von Meissen, (da er sich dann zů seinem vortheil ein zeitlang gelegert vnd vorgraben) ausz forcht vnd schrecken gezogen vnnd die brucken ober die Elb hindter jhm abgebrandt, (auff das er von der Kay. May. nit übereilt solt werden), wiewol jhre Majestat den weg (dem) gemainen gschray nach nit auff (die statt) Meissen zůgenommen sondern dieweil der ehgemelte Feind, eilends die stat Meissen hat müssen verlassen, vnn an der Elbe hinab gen Mühlberg gezogen, vnn die schiffbrucken, in d' nacht zůuor dahin geschickt, (als ist der Kay. Mai. mainug vnd gemüt gewesen, das nachtleger bey Strelen zů haben vnd nachmals den Feind ferner zů süchen)." In dem folgenden Absatz hat Baumann besonders den Anfang umgearbeitet; zum Schluß giebt er einen Zusatz: „sie auch etliche schüsz zů vns (Got lob) one schaden ausz Mülberg gethon". Der Dritte zeigt im Beginn nur stylistische Umformungen, ganz verändert ist dann aber die Vorlage im Schluß dieses und in dem ganzen nächsten Abschnitt. Hier hat Baumann einige Zusätze, die Angabe über die Stärke der kurfürstlichen Truppen, die überall bekannt gewordene heldenhafte Schwimmfahrt der beiden Spanier gegen die feindlichen Böte, die Gefangennehmung des Braunschweiger Reitschmidts. Die Sätze des Str. Anon. sind an dieser Stelle und überall ungeschickter, schwerfälliger construirt, doch schon hier sachlicher und inhaltreicher. Baumann hat die schwer verständlichen Perioden gekürzt, in kleinere Sätze zerschnitten, deshalb hier und da die Worte umgestellt, einiges ausgelassen und anderes hinzugefügt. Und so verfährt er überall. Die Zusätze sind

— gleich der Anfang hat dafür gute Beispiele — oft solche, wie sie der Schreiber aus dem eigenen Kopfe geben konnte, sachlich recht überflüssig; oder sie geben wirklich etwas Neues: dann meist Pikantes oder Tendenziöses oder Dinge, die man sich allgemein am Lagerfeuer erzählte, wie die Heldenthat jener Spanier und die Gefangennehmung des Reitschmidts von Herzog Ernst. Die Tendenz geht auf die Verherrlichung des Herzog Moritz und seines Bruders: so gleich in der ersten Reihe, mehr noch später bei dem Kampf im Walde. Die Quelle weiß von den Heldenthaten des Herzogs, von denen die deutschen Berichte so gerne sprechen, nichts. Überhaupt theilt Baumann mit andern deutschen Berichten von der kaiserlichen Seite die Neigung, den Antheil der Landsleute am Siege hervorzuheben und die Plünderungen den Wälschen und Spaniern zuzuschieben. Auch hier geht er über seine Quelle hinaus, die z. B. bei der Erzählung von der Erbeutung des Trosses an einer sonst sehr übereinstimmenden Stelle die Bemerkung Baumanns nicht hat: „Aber die Husseren vnn Spanier haben sich der Beut nicht gesëumpt." Für Baumann ist es fast die Hauptsache, welcher Nation die Ehre der Gefangennehmung Johann Friedrichs gebühre. Der Str. Anon. nennt ebenfalls den Tilo von Trota, aber ohne etwas hinzuzusetzen. Baumann malt den Vorgang ganz dramatisch aus und betont zweimal sein Verdienst um die urkundliche Feststellung des Thatbestandes. Die Neigung zu dramatischer Ausschmückung zeigte sich uns schon in dem pikant erzählten Bericht über den Wortwechsel Johann Friedrichs mit Lersener, noch mehr aber bei der Ergebungsscene: „Aber der gefangene Fürst redet vnder wegen gantz erbermlich mit ainem grossen seufftzen vnnd augenblick g͞e himel, Miserere mei, domine, nos sumus jam hic, Ach Gott erbarme dich mein, wir seind jetzund hie", oder, wie Ranke die Worte treu und schön wiedergegeben hat: „nun bin ich hier, nun erbarme dich mein, du getreuer Gott". Wer will leugnen, daß dies wirklich Empfindung und Gedanke des Kurfürsten in diesem Momente war? Es hört sich an wie eine Fortsetzung der Reden, die Lersener aufs beste ge-

währleistet. Aber in seiner Quelle fand Baumann die Worte
nicht, und wir lesen sie nirgends als bei ihm. Dann läßt
er den Kaiser gleich nach der Anrede des Kurfürsten: „Allergenedigster Kaiser" mit den berühmten Worten: „Ja, ja, bin
ich nun gnediger Kaiser?" einfallen; dadurch verdoppelt er den
Wortwechsel und macht ihn lebendiger. Der Bericht des
Str. Anon. ist hier so einfach, wie der der besten Gewährs-
männer für diese Scene. Eigenthümlich ist diesem die Ansprache
Ferdinands an den gefangenen Fürsten. Natürlich hat sie
Baumann hinübergenommen; er läßt ihn nur noch hinzufügen:
„Ir seid ein feiner mann." Das Bestreben, die Niederlage
des Kurfürsten als ein Gottesgericht, als die Strafe für seinen
Übermuth darzustellen, hat, wie wir sahen, auch der Str.
Anon. Baumann hat sich die betreffende Bemerkung nicht
entgehen lassen. Nach einer argen Verstümmelung und mit
Auslassung der ganzen vorhergehenden Reflexion wiederholt er
fast wörtlich: „Aber das ist ein straff Gotes, wölchs (so!)
die fürnembsten heupter, wenn sie Gott straffen vnnd ernidrigen
will, zuvor also verstockt, Das sie jren vorthail nicht ersehen,
jre macht vnd sterck nicht brauchen können, sonder werden mit
sehenden augen blindt." Der Str. Anon. setzt noch hinzu:
„und eilen zu ihrem Verderben". Statt „wölchs" schreibt er
besser „welcher", „verstockt" ist verlesen für „verstopft" und
„sterck" für „schenk", das dem munera der Vulgata entspricht.
Noch interessanter ist das Mißverständniß im ersten Abschnitt bei
Erwähnung der Schiffbrücken. Die kaiserlichen Commentarien
selbst bestätigen die Angabe des Str. Anon., daß Karl die
Pontons vorausgeschickt habe: dem Plagiator ist bei seiner
stylistischen Verbesserungssucht das Unglück passirt, hierunter
die kurfürstlichen Schiffe zu verstehen. Einige topographische
Angaben sind dankenswerthe Zusätze des Buchdruckergesellen, so
die Ortschaften, zwischen denen das kaiserliche Heer am Morgen
lagerte, und weiterhin die, bei denen die Niederlage erfolgt sei;
dazu einige neue Namen: unter den „großen Hansen", die
davon geflohen, nennt er richtig Schönberg und Ponickau, auch
unter den Gefangenen einige mehr als seine Quelle. Seine

Angaben über das gefangene Kriegsvolk, für die er seine Augenzeugenschaft hervorhebt, fand er in der Vorlage nicht, die spätern Meldungen derselben über den Marsch vor Wittenberg hat er aber ganz ausgelassen. Überhaupt überwiegen die Kürzungen und Verstümmelungen die Zuthaten bei Weitem: besonders der Kampf um die Furth, ein Hauptverdienst des Str. Anon., und die Aufstellung und Zertrümmerung der kurfürstlichen Armee am Walde sind schlecht wiedergegeben worden.

Daß Johann Friedrich dem Maister de Campo überantwortet sei, schreibt Baumann seiner Quelle nach, den Namen desselben aber nennt er nicht. Ich bemerkte, daß in dieser hier ursprünglich eine Lücke und erst später von anderer Hand (wie es scheint) „Alfonso Fives" hineingeschrieben worden ist. Ein Beweis, daß Baumann ein Exemplar der Zeitung vor der Ergänzung des Namens vor sich gehabt hat.

Dieser Name dient nun aber noch nach anderer Seite zu interessanten Aufschlüssen. An den Rand hat bei dieser Stelle eine fremde feine Hand die lateinische Form des Namens geschrieben: „Alfonsus Vives", und dieselbe später, ebenfalls als Marginalnote, bei der Stelle über die Flucht Beichlingens und „Rickrods": „Beichlingen und Reerod flüchtig". Diese Handschrift ist nun aber, wie eine genaue Zusammenhaltung mit seinen bekannten Zügen unzweifelhaft gemacht hat, keine geringere als die Johann Sleidans. Sleidan hat also bei seiner Erzählung der Schlacht nicht, wie man bisher annahm, Baumann, sondern seine Quelle, den Str. Anon., vor sich gehabt [1]).

Im selben Abhängigkeitsverhältniß, wie Baumann zu dem Str. Anon., steht zu ihm selber eine dritte Relation,

---

1) Reckerod mußte Johann Sleidan schon aus ihren französischen Diensten wohl bekannt sein. — In dem Straßburger Stadtarchiv finden sich häufig Aufschriften und Notizen von Sleidans Hand, so auf den Akten vom Gesprächstage zu Hagenau 1540, vom Speirer Reichstage 1544, und auf den Korrespondenzen, welche die dem Heerlager nachgesandten protestantischen Gesandten mit Karl und Granvella in diesem

auf die vor kurzem Druffel aufmerksam gemacht hat, eine Copie aus dem Material, das Jakob Fugger gesammelt und zur Grundlage seiner Geschichte des Schmalkaldischen Krieges gemacht hat [1]). Sie ist vollständiger als Baumann, aber es sind nur Zusätze zu einer sonst wortgetreuen Abschrift. Daß letzterer hier die Quelle ist, beweist unter anderm die jedesmalige Umänderung des „unsern, unser, uns" in „Kaiserischen, der Kai. M., iren, sie". Einmal ist „unsern" wieder ausgestrichen und statt dessen „Kaiserischen" gesetzt. Jene Berufung Baumanns auf seine Augenzeugenschaft bei der Behandlung des gefangenen Kriegsvolkes ist in der Copie sorgfältig ausgemerzt. Einiges, nur ganz wenig, ist ausgelassen; einmal findet sich eine Umstellung. Die Zusätze sind mit geringen Ausnahmen von ganz problematischem Werth und nicht zahlreich. Das anekdotenhafte Element tritt in ihnen noch verstärkter hervor und beweist damit ganz besonders den späteren Ursprung, da sich Baumann bei seiner Vorliebe dafür solche Geschichten wie die Anrede des Kurfürsten an seine Leute und des Königs an seine Söhne nimmer hätte entgehen lassen. Der Durchritt des Bauern durch die Furth erscheint in der Fuggerschen Relation schon ganz so sagenhaft ausgeschmückt, wie später in der Mühlberger Lokaltradition. Herr v. Druffel hatte die Güte, mir eine Kollation der Handschrift mit dem Abdruck bei Hortleder, 1. Auflage, S. 436, zu machen, die hier folgen mag, obgleich ich kaum einer Angabe historischen Werth beilege.

Sommer über die Frage der Braunschweiger Sequestration führten. Unter den Dokumenten der französischen Unterhandlung 1545, bei der Sleidan selbst eine so bedeutende Rolle spielte, befindet sich die deutsche Übersetzung eines lateinischen Briefes der Franzosen, ganz von ihm geschrieben, darauf die Worte: „Französische Werbung 1545". Das Concept der Antwort Straßburgs vom 3. Juli 1546 auf den Brief Karls V. vom 17. Juni, den Schwendi überbracht hatte (es ist von Jakob Sturm entworfen), hat Sleidan so beschrieben: „Antwort an key. mit. uff Lazari von Schwenden Werbung, im junio beschehen 1546 Straßb." (A. A. 541).

1) Vgl. v. Druffel, Des Viglius van Zwichem Tagebuch, S. 23.

Hortleder, S. 436 ff.¹).

Z. 5 nach „Jana": 'umb Ragetz· und dem howe'.
„ 6 nach „morgens": in aller frue.
„ 12 nach „suchen": ist also umb 8 uhr morgens bei dem dorf Brisnitz und Schirnitz ankommen.
„ 17 nach „hat": und zu ende derselben ein gebet thon lassen, wo sach sei das er diesen Krieg nit von wegen der religion sonder aus andern ursachen fuere das ine Gott in die hend seiner feind geben und zu aschen werden lassen wölle.
„ 40 nach „brachten": welcher den abzug der feinde und das der Kf. nit wollt glauben der hauf und J. M. gar da weren angezeiget.
„ 41 nach „antroffen": aus schickung Gottes, dan welcher 3 oder 4 tag vor oder nach groß gelt umb ein menschen der orten geben, het er keinen gefunden.
„ 42 Darauf in J. M. haissen durchreiten. Hat er begert ains rosses und das man denen die jenseits schussen gebiet, das si still hielten er wolte sonst nit uber reiten. Und wiewol J. Kai. M. so der paur nit kante, im anzaiget das er mit inen nit zu schaffen hett dieweil sy feindt waren, so wolte doch dieser nit reiten, sy schussen dan nit. Als nun J. M. sein einfalt vernommen, sagten sie im er solt reiten und sich nit irren lassen er wollt im versprechen, das in keiner treffen noch schaden zufügen sollte. Also reit er durch und wiewol in 10 oder 16 schuß hin und wider ubers wasser geschahen so wurd er doch nit getroffen, das er sich als er hiruber kam beruemet es wer im gehalten worden, des im der jenseits wassers zugesagt das sy in nit treffen wurden.
„ 44 nach „geschickt": mertail hussern welche dem abziehenden achter nachgeeilt und in mertail aufgehalten im zug als er selbst bekennt hat.
„ 53—55 fehlt.

---

1) Die Abänderung von uns, unser, unsern ist in der Kollation nicht bemerkt.

Hortleber, S. 437.

3. 1 nach „anhalten": der Kun. M.
„ 15 nach „trösten": dan er zu mermalen gesagt: der vermeinte kaiser solte nit vermögen das er das minst von seiner reputation wolt weichen.
„ 17 nach „komen": und als 5 meil vom nachtleger.
„ 18 nach „worden": alsa der von Sachsen einen hinder sich auf eine höhe gsandt, zu sechen wer hernach keme, der sach die Kai. M. gleich an aim rain in aim schweif herumbziehen mit irem volk derhalb es vil mer schin weder es was; rit also zu seinem herrn sagt im der kaiser wer mit seiner ganzen macht da, darauf ließ er sich aus seinem wagen aufs pferd heben und
„ 22 Ende: sprach der von Saxen seinen leuten zue si solten ritterlich streiten umb Gottes wort, da wurd in der almechtig Gott disen tag sig geben.
„ 26 nach „trucken": Kai. und Ku. M. hielten mit irem hofgesind und den Neapolitanischen reutern auf der andern seiten, der teutschmeister baide erzherzogen sambt andern fursten und herrn in der mit beim reichsfanen und wie es inen geordnet was. Da rit Ku. M. zu derselben sunen sprach inen zu, si solten sich erlich und reblich halten oder sich seine sun nit nennen wolt si auch nimmermer darfur erkennen, wo si sich anderst hielten. Ritt damit wider zu Kai. M. also wurd der angriff angefangen.
„ 33 nach „gefangen": und denkten die andern zu allen seiten darauf.
„ 44 statt „aber 2c.": und 16 fendl erobert worden.
„ 53 fehlt „dieweil — bekant".
„ 56 Zusatz: der hussar hat die schwertschaib und dolchen von im bracht.
„ 57 nach „reuter": deren der Kf. einen mit einem fausthammer geschlagen das er hernach in etlichen tagen gestorben, haben im die scheid wider abbrungen und den Kf. dem Teutschen und hussar genomen.
„ 58 fehlt: „als — Ferdinanden".

Hortleber, S. 438.

3. 5 nach „fürst": die Kai. Mt. und mehr dann gefangener; er der Kf. wider:
„ 10 nach „überantwort": von demselben dem Alonso Vives der Neapolitaner obristen bfohlen worden.
„ 20 nach „adel": wie volgt: (Verzeichniß der Gefangenen.)
„ 25 nach „hernach": Wolf von Schönberg obrister feldmarschalk, Hans von Bunicka cammerer (diese Worte fehlen dafür 27).
„ 30 nach „ist": sonderlich mit dem Hans von Bonickau seinem cammerer, der in gar regiert hat und dem er in aller not, als er in sehen fliehen, zugeschrien, zu pleiben, aber Bonickau hat es nit hören wollen, sonder sich davon gemacht, dergleichen mit dem Thumshirn den er wie er anzaigt nie zu ime pringen mögen sonder mit seinem volk hin und wider zogen dem prandschatzen nach.
„ 31 nach „lob statt ist": das harnisch austhon ein wolfbeltz angelegt und den nechsten.
„ 32 nach „1. tag": auf 25 April zu 3 urn.
„ 35 statt „ich — hab": mehr dan bei brittehalb hundert gewesen.
„ 38 nach „lassen": doch haben sy zuvor geschworn wider die Kai. und Ko. M. noch das haus Osterreich nimmermehr zu dienen.
„ 39 bis Ende fehlt.

Endlich kann ich noch aus dem Dresdner Archiv (Loc. 9140, Bl. 287 f.) einen Bericht mittheilen, den ein Bauer aus Blumberg bei Mühlberg, Georg Dorn, am Tage nach der Schlacht vor dem Amtmann und Rath der Stadt Hain über die Schreckensscenen, denen er mit Noth entronnen war, zu Protokoll gegeben hat. Der Eindruck, den die verworrenen, aber durch einzelne chronologische Angaben auch sonst bemerkenswerthen Aussagen des noch ganz verängstigten armen Teufels über die Barbareien während und nach der Schlacht, hinterlaſſen, iſt nur um ſo tiefer, wenn keiner der andern Berichterſtatter es für werth hält, über dergleichen nothwendige Übel auch nur ein Wort zu verlieren [1]).

„Geſtrenger ernvheſter liber Her Hauptman: als ich In meinem groſſen jammer und leybe zcu Euch kegen dem Hayn ankommen, dorczu mich meyne gewaldige Hertzleybige not, dy mordyſche kriger, verhaget, myr alles das meyne am gutte, wywol ichs geryṅge achte, aber das aller Hochſte und hertzlichſte, meyn libes weip und kynder, angebunden, geſchlagen und gezwungen zu ſagen: wo iſt gelt, wo haſtu kleyder, betten, zcinnen geſeſſe und al deyn Haußrabt, das ſy mit vyl hartten ſchlegen ſagen und alles anzceigen muſſen und alzo alles genomen, nottzcucht und vyl wunden, dy nicht zu ſchreyben ſeyn, vorgewant und volendet, myr meyne taſche vom leybe gertyſſen, dorynne ich XIIII taler gelbes, dy ich mitt groſſem ſchaden ausrichten muſſen, dyweyl unſerm dorff zcur brantſchatzunge hundert taler vfferleget, wywol der renthmeiſter IIᶜ gefordert, aber aus meiner bitt L nachgelaſſen, welchs alzo warlich geſchen (unleſerlich) anzal (?) ich mich XII taler (unleſerlich) alles genomen, das ich mich mit behendigkeyt, do es betunkelt, abgeſpolen und alzo blos mit gottes hulffe dorvon kommen: vor Eyns.

Zcum andern zeyge ich an, das der korfurſte, als er von Meyſſen abgezcogen des Sonnobendes, noch vormittages kegen Molbergk ankommen, aldo ſich belagert und vor der ſtat ſeyn gezcelt auffgeſchlagen, aber des Sontages geſtern umb achte aber 1 ſtunde zcuvor, als er wyllens geweſt, vorder zcu zcyhen, iſt unſer gth. Her Herzog Moritz ꝛc. oder ſeyn gewaldiger hauffen, er ſey aldo geweſt oder nicht, des wegs ich ſeyn fl. g. nicht anzuzceygen. Hat ſich der ſchimpf angefangen mit gewaldigen ſchyſſenn zcu beyden teylen, ſchlahens und ſchyſſens bys

---

[1] Der Abdruck hier erfolgt nach einer Copie, für deren freundliche Anfertigung ich dem Direktor des Dresdner Hauptſtaatsarchives, Herrn Geheimerath von Weber, verpflichtet bin.

umbe by drei hore gantz gewaldigk, keyn uffhoren gewesßen, by zal beyder seytts ist nicht zo ehlende worlich zuvermelden. Was sy vor kurczweyl aber schimp getryben, kan eyn krigesman wol achten, und ist alzo verhandelt und kurtzweyl getrhben, der korfurst In by flucht gejaget, und ist ihm eyn gewaldiger hauffe mit beleyttunge nachgefolget, was für ferben vorhanden ist Im Ermessen. Unsers g. Hern Hertzog Moritz krigesvolk hat sy doch bey gutten II meylen nachgefolget; was sy begunnet In der beleyttunge, kan eyn kriges man ermessen, ab sy den korfursten erjaget aber ab er enthkommen, weys ich nicht, aber Im abzcoge' weys ich nicht, wy sichs ergeben, ab unser gnebigster her oder der korfurst das trangkgelt den von Molberg zugeben bestalt, ist schleunick angegangen feuer, das by beyde stettleyn alles sampt dem kloster alles reyn aufgebrant worden, man saget och, das wenick menschen junk aber alt darvon komen seyn. Es hat der korfurst vyl schyffen bey zwen brukken zugericht, hat unser g. her alles Got lop erhalden; man saget och, das geschütze kan man wol achten by (unleserlich). Ich habs aber nicht gesehen bywehl man fleugen und fligen mus, kan man nicht bysfals genaw auffreumen, aber by Hyspanier bo es betunket (so! = betunkelt), zcogen zuruke, belagertten sich in by dorffer, alzo Kosdorff, Lehendorff, Brotwitz, Mertzkyrch, Aldenbelgern, Blumberg; stelen, als ichs warlich weys, gewaldigk zcu grosser schande schade vnd verterb armer leutte: das ich in der eyle vnd schwacheyt ich George Dorn mit meyner hanth geschryben etc. XLVII."

II.
Kritik der gedruckten Quellen.

Bevor ich es nun versuche, den Gang des schicksalsvollen Kampfes in den einzelnen Momenten mit Hülfe der neuen Quellen zu verfolgen, wird es am Platze sein, den Charakter und Werth der bekannten Relationen zu besprechen. Die Stellung, welche die neuen zu ihnen einnehmen, und die Autorität, die sie beanspruchen können, wird dadurch um so schärfer ins Licht treten.

Am liebsten greift man natürlich zu den Mittheilungen, die von den Theilnehmern selbst oder von Beobachtern aus der Nähe unmittelbar nach der Schlacht aufgesetzt worden sind, und unter ihnen wird man denjenigen aus dem kaiserlichen Lager von vornherein ein größeres Vertrauen entgegenbringen als denen der Besiegten, die, wie das nach allen Niederlagen zu geschehen pflegt, meist die Schuld von sich ab und auf andere zu wälzen bemüht sind und dadurch unvollkommen und parteiisch berichten. Auch überwiegen an Zahl die kaiserlichen Relationen, von den offiziellen aus dem kaiserlichen Zelte bis zu den Privatbriefen der Offiziere und Soldaten hinab, die auf der Trommel oder einem „grünen Wasen" niedergeschrieben worden sind.

Unter den offiziellen Berichten gebührt der erste Rang dem Briefe, in dem Karl seiner Schwester, wie immer einfach und vertraulich, den Marsch zur und über die Elbe und die Zertrümmerung der feindlichen Armee erzählt hat [1]); am 25. April, wenige Stunden nur nach der Rückkehr ins Lager, so früh, daß er, von dem Gewaltritt ganz erschöpft, noch nicht selbst die Feder führen, nur die Nachschrift, in der er sich dafür entschuldigt, mit eigener Hand hinzufügen konnte. Dies Schreiben, das dürfen wir wohl annehmen, hat Karl seinem vertrauten Bave in die Feder diktirt [2]). Es ist geschrieben, wie er denkt: kurz, sachgemäß, ohne Rühmen und Prunken, aber doch mit stolzer Betonung der Heldenthaten und Erfolge. Der Dank gegen Gott, den die Schmalkaldener niemals, auch Moritz nicht, vergessen, fehlt in dem kaiserlichen Schreiben. Über den Höhepunkt in dem eigenen Leben, die Ergebungsscene, die sich sonst die Wenigsten versagt haben, geht Se. Majestät mit Schweigen hinweg: „Entre lesquels prisonniers est ledit jadis electeur", das sind die Worte, mit denen Karl den Todfeind abthut. Keine ausdrückliche Freudenbezeugung weiter als am Schluß die Worte: „Dont je nay voulu delaisser djncontinent vous advertir, saichant le plaisir quen aurez." Der Brief ist die Fortsetzung des bei Lanz vorangedruckten; auf 2½ Seiten werden die Ereignisse seit dem Aufbruch aus Leisnig am 22. April berichtet, kein Wort zuviel, aber auch keins zu entbehren, jede Angabe, auch die Irrthümer, von Werth und wohl zu erwägen.

Ihm am nächsten steht das Bulletin des Bischofs von Arras, das in den Papiers d'État desselben gedruckt ist [3]), so nah, daß man annehmen möchte, der Kaiser habe es bei seinem Briefe neben sich gehabt. Denn es ist noch einige Stunden früher verfaßt: „du camp sur la rivière d'Albis, à deux lieues de Miessen, ce XXIIII° d'avril, à la minuit,

---

1) Lanz, Korrespondenz des Kaisers Karl V. II, 561. Ich kürze ab K.-M.
2) Ebenso G. Voigt, S. 374.
3) Papiers d'état du cardinal de Granvelle (Documents inédits sur l'Histoire de France) III, 262.

1547", Worte, die in dem Augenblick der Rückkehr ihrer Majestäten niedergeschrieben sind. Über 1000 Todte, so hört der Schreiber eben, hat der Feind verloren; der Ächter sei verwundet und gefangen, mit ihm sein Sohn. Schon in der Nachschrift corrigirt er sich: der Prinz sei auf dem Platze geblieben, mit ihm an 3000 Mann, von den eigenen Leuten nicht acht, Herzog Ernst von Braunschweig, der Sieger von Rochlitz, sei eingebracht: alles, wie der Kaiser. In der Erzählung des Anmarsches — denn auch Arras greift um einige Tage zurück — und ebenso bei der Schilderung des Flußkampfes decken sich beide in der Stellung der Sätze, oft auch in der Wahl der Worte ganz. Doch hat der spätere Bericht manche Zusätze und selbst Abänderungen, besonders die Verfolgung, den Kampf und die Flucht, wovon Arras bei der ersten Niederschrift noch nichts wußte. Granvella hätte auch wohl die Ergebungsscene erzählt, wenn sie ihm damals schon bekannt gewesen wäre; die Verwundung Johann Friedrichs wenigstens erwähnt er. Auch vergißt er als Geistlicher nicht den Dank gegen die Vorsehung: „Dieu soit loué du tout, lequel n'abandonne jamais les siens". Es wird ziemlich auf eins hinauskommen, ob der kaiserliche Briefsteller das bischöfliche Schreiben oder etwa den Bischof selbst neben sich gehabt hat. Genug, wenn das eine feststeht: beide Briefe haben die Anschauung fixirt, die der Kaiser und seine nächste Umgebung in den ersten Stunden nach der Schlacht von den Hauptmomenten derselben besaßen.

Nach Form und Inhalt von diesen vornehmsten Relationen sehr verschieden ist der deutsche Bericht, der von Lanz gleich nach dem kaiserlichen Briefe unter der alten Aufschrift: „Des gewesenen Churfürsten von Sachsen Niederlage am St.-Georgentage anno 1547" zum Abdruck gebracht ist. G. Voigt rückt auch diese Erzählung in die nächste Umgebung des Kaisers, er nennt sie geradezu den offiziellen deutschen Bericht[1]). In Wahrheit kann man gar nicht von einem, sondern eher von

---

1) S. 374. 395.

drei Berichten reden: wenigstens drei Bruchstücken, drei Zeitungen, die, von einander unabhängig oder doch nur ganz lose verbunden, jede ein Ganzes für sich, zu verschiedenen Zeiten niedergeschrieben worden sind. Der Schluß ist jedesmal aufs deutlichste markirt, bei der ersten: „Dem almechtigen sey lob er vnd preiß jnn ewighait. Amen"; bei der zweiten: „Got geb sein gnad zum friden vnd allen gueten. Amen"; bei der dritten durch länger ausgesponnene Wünsche auf die Herstellung von Frieden, Ruhe und Einigkeit in Reich und Kirche, als Folgen des Sieges und der Rückverlegung des Concils durch den Kaiser nach Trient. Das erste Stück, der Schlachtbericht, ist in der Woche nach Mühlberg verfaßt: „Ann vergangen sonntag misericordia domini sant Jörgen tage, der do was den 24. april." Das zweite, nichts als die kaiserliche ordre de bataille mit einer Andeutung des entscheidenden Stoßes am Walde, kann nicht batirt werden. Das dritte, das längste, führt die Erzählung der Ereignisse nach dem Siege fort, weiter als bis zum 4. Mai, wie Voigt angiebt, bis in die dritte Woche des Monats [1]. Styl und Haltung, auch die handschriftliche Überlieferung [2], weisen auf einen Verfasser hin, aber nimmer darf man ihn in der kaiserlichen Umgebung suchen, im Gegentheil in recht niedrigen Sphären: es ist ein Zeitungsschreiber, der, wer weiß für wen, Meldungen aufschrieb, die, je nachdem es ihm glückte oder nicht, guten oder geringen Werth haben. Dies ist besonders bei dem 3. Abschnitt evi-

---

[1] Der Bischof von Hildesheim sei nach Böhmen (S. 569): vom 13. Mai haben wir noch einen Brief desselben aus dem Lager vor Wittenberg. In Böhmen sei „auf jetz nechsten freitag unsers herrn himelfart" ein neuer Landtag ausgeschrieben: das war der 20. Mai. Die dritte Woche lief vom 15. bis 21. Mai.

[2] Wie Herr Gachard mir mitzutheilen die Güte hatte, ist die Zeitung, die Lanz abgedruckt hat, durchweg von einer Hand. Demselben danke ich die Verbesserungen einiger Lesefehler: S. 565, Z. 8 v. u. l. „fursten" statt „hauffen". S. 568, Z. 15 soll zu lesen sein: „über jetzunder ist des may weniger wordt." Ich glaubte, die Stelle durch Einsetzung von „weicher" (vielleicht weiger) verbessern zu müssen.

dent: „Man bemuet sich umb Vertrag der sachen, insonders der Churfurst; marggrave Jochim von Brandenburg hat viel fleiß. Die rede ist, der hertzog von Cleve werde dise tage auch zu kay. mat. kommen, und der landgrave nach jme ...... Der von Peurn zeucht in Engelandt, wurt an stat der kay. mat. des jungen kunigs daselbsten vormundt oder pfleger (?). Ist schier zeglauben, es habe dem kunig von Franckreich nit die wenigst Furderung zu seinen unversehen todt gethon rc." So schreibt kein Diplomat, auch nicht der geringste Sekretär. Es ist echter Volkston; z. B. bei der Erzählung von den Heldenthaten und Gefahren Herzog Moriz': „Darumb noch recht gesagt ist: den got bewart oder wel wil, dem mag niemandt ubel"; Zeitungsstyl, ganz wie bei Baumann, auch dieselbe Gesinnung, große Verehrung für den Kaiser und für den deutschen Helden der Partei, den glücklichen Prätendenten auf die sächsische Kur. Die Angaben des Schlachtberichtes sind kurz, lückenhaft, recht unbestimmt, zum Theil verworren und sogar ganz falsch; nichts weist auf die Theilnahme oder Gegenwart des Verfassers, die offenbaren Irrthümer so bald nach dem Ereigniß sprechen vielmehr für das Gegentheil. Anders ist es mit der ordre de bataille. Woher diese ganz genauen Angaben stammen, kann man nicht wissen; ihr Werth wird in Verbindung mit andern Angaben späterhin zu prüfen sein.

In Anschauung und Erzählungston steht dem kais. Anon. nahe der Nürnberger Imhof, der die Feldzüge des Kaisers seit dem Sommer 1543, man sieht nicht recht in welcher Stellung, es scheint als Trabant eines Infanterieobersten, mitgemacht hat [1]). Während er mit dem Heere zog, mußte seine

---

1) Fragmente seiner Briefe aus dem Feldlager an seine Vettern in Nürnberg, Endres und Gabriel Imhof, hat Knaake edirt als „Beiträge zur Geschichte Kaiser Karls V." (Stendal 1864). Ich gebe hier die Momente an, die sich aus den Briefen für seine Stellung und seine Kriegsfahrten ergeben. Als gemeiner Landsknecht, wie Voigt will (S. 377), marschierte er nicht mit. Wiederholt und ausdrücklich stellt er sich zu den Knechten in Gegensatz (S. 27. 32. 33). Zu Roß und im Harnisch zog er dem Fähnlein, dem er zugetheilt war, nach. Von seinem Oberst und

Familie daheim, in Schwabach scheint es, bleiben. Die Frau suchte sich wohl die Langeweile ihres Strohwittwenthums durch

seinem Hauptmann spricht er oft. Den ersteren nennt er auch in den Jahren 1543 und 1544. Es war Georg von Regensburg: „So hott Sich zu getragen, daß abj 14 aprill, Jorg von Regenßpurgh meinem obersten uber disch wie ich mitt im gessen hab brieff von dem herren von Noysz thumen sein" (S. 20; vgl. S. 17. 25). Wo er von seinem „Herrn" spricht, erkennt man nicht genau, ob er den Hauptmann oder den Obersten meint. Doch glaube ich annehmen zu dürfen, daß er diesem in einer Trabantenstellung diente. Später sagt er ausdrücklich, wie er bei Tisch aufgewartet habe (S. 56. 57): „wie Ich biß her geschrieben, hott graff Friderich von Furstenberg ein groß banckhetth gehaltten dar baj mein herr auch gewest, wie ich auff gewartth hab, seiu sie uber disch allerlej zw rett worden ꝛc." (Der Zettel, auf dem dies geschrieben, gehört wohl zu dem Brief aus Prag, 23. Juli 1547.) Vielleicht ist die vorige Angabe, er habe mit G. v. Regensburg gegessen, auch nur eine euphemistische Ausdrucksweise für dasselbe Verhältniß. Die Mittheilungen, die Imhof über die Tischunterhaltung dieser höheren Militärs macht, sind übrigens für deren politische Anschauung und Einsicht recht bezeichnend (vgl. auch S. 62). Im Juli 1543 nahm er den Dienst an; auf 6 Monate mußte er damals schwören. Seine Besoldung kam auf 14 Gulden, während alte Kriegsleute nicht mehr als 10 und 12 erhielten. Er selbst ist damit sehr zufrieden. Dazu bekam sein „Junge", den er überall bei sich hat, noch 4 Gulden. Die Kreuz- und Querzüge seines Regiments durch die Rheinlande und das niederländisch-französische Grenzgebiet 1543 und 1544 hat er dann in seinen Briefen aufs beste veranschaulicht. Man kann keinen lebendigeren Eindruck von den Schrecken der damaligen Kriege erhalten als durch die Naivetät, mit der hier die Barbareien der Soldatesla und die Erbarmungslosigkeit der Führung wie etwas ganz Selbstverständliches hingestellt werden. Imhof ist darin der Simplicissimus seiner Zeit. Im Frühjahr 1544 war er wieder in der Heimath, in Schwabach (S. 18), am 27. März auf der Rückreise zu seinem Regiment in Speier, das er in Cambray am 7. April erreichte (ebd.). Von hier machte er im Mai einen Streifzug durch Flandern und Artois bis gegen Calais mit; später lag er vor Luxemburg, Ligny und S. Dizier. Ob er 1546 an dem Donaufeldzug theilnahm, sieht man nicht; Briefe sind aus dieser Zeit nicht erhalten. Jedenfalls war er im Winter eine Zeit lang in Nürnberg, von wo er (man kann das aus den Angaben über seinen Sold berechnen) etwa Ende Januar von neuem zum Heere stieß (S. 55. 59). Sein Regiment nennt er nicht mehr; Georg von Regensburg war während des letzten Feldzuges gestorben. Imhof zog mit von Eger gegen

Ausflüge zu ihren Verwandten zu kürzen, was dem Gemahl nicht im Interesse des Familienvermögens zu liegen schien. Überhaupt scheint die eheliche Zuneigung zwischen den beiden Gatten nicht die innigste gewesen zu sein. Einmal beklagt sich Joachim über seine Ehehälfte sehr lebhaft (6. September 1543): „Ich hoer sagen, mein weib sej nitt dahaim, sonder zu irem schwager Christoff Truchssess, das nembt mich wunder und verdreust mich seer, dann sie waiß, daß eß mir wider ist, daß sie mitt den leutten zu thun hott, auch waiß sie was er mich cost, er und sein pruder, warumb sie mich bringen, und was sie mir dar neben gethun haben, hab ir bej 70 fl. dahaim gelossen, muß sieß also verpopitzen. Ich wilß alß gott bevolhen haben, domitt spar unß gott gesundt zu aller stundt, und gott sej mitt unß allen zu aller zeitth und stundt. Amen." Solche frommen Wendungen vergißt er nie: er war wirklich eine „gutmüthige deutsche Haut von geringer Bildung"[1]), der mit dem armen verrathenen Kurfürsten ein herzliches Mitleiden trug und sich vom Plündern fern hielt, freilich mit seiner Ehrlichkeit auch auf keinen grünen Zweig kam. Aber lutherisch, wie Voigt meint, war er nicht. Die Art, wie er stets sein Gut und Glück „Gott und Maria" besiehlt, lassen darüber keinen Zweifel, daß er noch der alten Religion anhing. Doch hat der gemeine Mann die religiösen Gegensätze niemals in der subtilen Schärfe der Sätze empfunden, über welche die Theologen stritten und disputirten.

Die Mittheilungen eines so naiv=getreuen Theilnehmers über die Schlacht würden daher gewiß von hoher Bedeutung sein, wenn sie nur vollständiger erhalten wären. Aber die

---

die Elbe, im Mai lag er vor Wittenberg, im Juni vor Halle. Dann ward er, am Ende dieses Monats, mit dem Regiment nach Prag abkommandirt, von wo der letzte Brief am 2. August datirt ist. Hierdurch verräth er, bei welchem Regiment er diente, nämlich in der ersten Colonelleria der Brigade Madruzzo unter dem Marquese von Marignano, der damals nach Böhmen gieng. (Buchholz, Gesch. Ferdinands des Ersten, Urkbb., S. 429. 473. Druffel, Viglius, S. 261. Auch Faleti, Guerre di Alamagna, S. 331.)

1) Voigt a. a. O., S. 377.

Zeitung, die er für seine Nürnberger Herren in dem Brief an den Vetter Gabriel vom 27. April (aus dem veldtß leger baj dem baß elbß) mitsandte, und ein späterer Brief an die Verwandten sind verloren oder — hoffen wir — noch nicht gefunden. Aus dem kleinen Brief vom 27sten erfahren wir nur, daß er Tag und Nacht mit seinem Fähnlein hinter dem flüchtigen Feind hat streifen müssen. An dem Ritt jenseits der Elbe hat Imhof, der ja bei der Infanterie diente, nicht theilgenommen, doch besuchte er später das Schlachtfeld, wie er in dem Brief vom 24. Mai aus dem Lager von Pretzsch bei Wittenberg schreibt. Da berichtigt er auch zwei Irrthümer seiner früheren Briefe, in denen er das allgemein verbreitete Gerücht, der Sohn Johann Friedrichs und Herzog Ernst von Koburg seien gefallen, nacherzählt hatte. Unterdeß hatte er in Torgau bei einigen Bürgern und Edelleuten, die zum Theil die Schlacht bei dem Kurfürsten mitgemacht hatten, Erkundigungen über die Vorgänge auf der feindlichen Seite eingezogen: es ist das unsinnige Verrathgeschrei über die sächsischen Offiziere, das wir so oft hören, und das Gebet des Kurfürsten unter seinem Kriegsvolk vor der Entscheidung, das seinen Weg auch in den Fuggerschen Bericht gefunden hat. Für uns hat hiervon nur die Angabe über die Stärke der kurfürstlichen Armee Werth.

In höherer Stellung jedenfalls als Joachim Imhof hat ein anderer deutscher Kriegsmann über die Schlacht berichtet, auch er ein Franke, der Dienstmann des Markgrafen Albrecht von Kulmbach, Rittmeister Willibald von Wirsberg, der wohl bei den 400 berittenen Schützen, die aus der Niederlage von Rochlitz entkommen waren, gedient und die Schlacht und den ganzen Ritt von 6 bis 7 (er sagt 7 bis 8) Meilen mitgemacht hat. Zweimal hat er an Pfalzgraf Friedrich geschrieben, zuerst in raschem, kurzem Zuge am Tage nach der Schlacht bei „Muldorf" an der Elbe, dann ausführlicher im Lager vor Wittenberg am 4. Mai unter freiem Himmel, statt des Kanzleitisches auf einem „gronen Wasen"[1]). Von eigen-

---

1) Mitgetheilt von Meusel, Histor. Untersuchungen I, 3. 53.

thümlichem Werth ist nur eine Angabe, die über die Schlacht=
ordnung der Kavallerie auf dem Zuge zur Elbe. Im übrigen
sind es die bekannten Mittheilungen, hier und da ein Irrthum,
im zweiten Schreiben eine Verbesserung, auch wohl einmal
durch Gedächtnißschwäche das Gegentheil, nirgends besonders
ausführlich, werthvoll nur wegen der persönlichen Färbung, der
Anschaulichkeit des fliegenden Rittes, vor Allem durch die
Kritik des Widerstandes der Kurfürstlichen, über den Willibald
mit Recht aufs schärfste aburtheilt.

Wie der fränkische Edelmann, so hat auch ein geistlicher
Herr, der Bischof von Hildesheim, Valentin von Teut=
leben, jenen scharfen Ritt mitgemacht und beschrieben; letzteres
ebenfalls vor Wittenberg, unter dem Zeltdach des Deutsch=
meisters Walther von Hirnheim, am 13. Mai [1]). Er erzählt
einem Ungenannten sein Abenteuer, zu dem er ganz zufällig
gekommen war, da er wenige Tage vor der Schlacht auf der
Heimreise zur kaiserlichen Armee gestoßen und ihr nur der
eigenen Sicherheit halber gefolgt war. Aber er hätte, wie er
schreibt, nicht für 100 Goldgulden die Freude missen wollen,
den „höllischen Tyrannen und Erzketzer" in seiner Erniedrigung
erblickt zu haben. Als Bischof schreibt er lateinisch, etwa in
der Art, wie seine Gesinnungsgenossen, die Dunkelmänner, in
der humanistischen Satire [2]). An groben Irrthümern ist kein
Mangel: meist sind es Übertreibungen: die Erbeutung von
35 Kanonen am Elbufer, die Niedermetzelung von 5000 Fein=
den und andere Triumphe des Kaisers und durch ihn des
göttlichen Arms über die verdammten Ketzer, woran der fromme
Herr seine Freude hat. Über den Elbkampf giebt er wenig
und das Wenige zum Theil falsch. Den Ritt jenseits des

---

1) Gebr. v. Buchholtz, Geschichte Ferdinands I., Urkdb., S. 417.

2) Von Wittenberg sagt und wünscht er: „quod oppidum fuit
asilum, sentina et cloaca, origo et fons omnium malarum heresum,
scismatum, novitatum, sectarum et seditionum in toto Rom. Imperio
subortarum. Expediret ut solo aequatum submitteretur aratro, ut
non manerent vestigia ejusdem in perpetuam memoriam exstirpatarum
heresum et novitatum."

Flusses schildert er mit persönlicher Freude: es sei kaum glaublich gewesen, wie schnell, leicht und gewandt die Pferde die lange Strecke durchjagt hätten; sie wären nur so geflogen, natürlich, „ut recte celestis et a celo data victoria (quam etiam celi in sole et luna sanguinolentis et sanguinis qui effusus est expressionibus testati sunt) et insperata dici possit". Ebenso hat nach ihm auch der Kaiser nichts als Lob und Preis für die gütige Vorsehung. Er kann das wissen, denn er ist in seiner unmittelbaren Nähe gewesen. Deshalb konnte er auch die deutschen Worte verstehen, die der Kaiser mit dem gefangenen „Eber" wechselte, und die er begierig auffing, notirte und den Wälschen übersetzen mußte. In dem Zeugniß über die Ergebungsscene und die Schnelligkeit des Rittes auch der kaiserlichen Suite, der er angehörte, besteht sein Werth.

Zu den Reitern des kaiserlichen Heeres rechnen Ranke und Voigt auch den Verfasser des sogenannten „Cüstriner Berichts": jener möchte ihn unter den berittenen Schützen des Markgrafen Hans, dieser unter den Reitern, die der Prinz Hans Georg von Brandenburg dem Kaiser zugeführt hatte, sehen. Voigt nennt die Relation original und hochbedeutend und legt ihr eine so große Wichtigkeit bei, daß er eine nur ihr eigenthümliche Angabe zu einer entscheidenden Combination herangezogen hat. Der Beweis für die eine wie die andere Annahme über den Ursprung liegt nur in der Provenienz dieser Zeitung aus dem Berliner Archiv, sie selbst bietet kaum einen Anhaltspunkt weder für die Herkunft noch für die Theilnahme des Schreibers an dem Gefecht. Wenn immer nur von „unserm" reissigen Zeuge geredet wird, so spricht das nicht gerade für einen Mitkämpfer. Der Schwerpunkt fällt allerdings auf den Reiterkampf und die Verfolgung; dafür ist aber der Kampf bei der Elbe um so kürzer und verworrener erzählt, und gerade die „originalen" Notizen verrathen eine Unkenntniß und Anschauungslosigkeit von dem wahren Hergang, der für mich die Augenzeugenschaft unmöglich macht. Im übrigen erzählt der Verfasser das, was besonders in den

beutſchen Kreiſen ausgebreitet wurde, die Heldenthaten und
Gefahren Herzog Moritz', die Verwundung des Kurfürſten und
die Ergebungsſcene, dazu auch, was ſeine Kreiſe beſonders
intereſſirte, die Menge und den Werth der Beute. Denn er
ſteht nach Form und Inhalt etwa mit Imhof auf einer
Stufe, nur daß dieſer, zumal als Theilnehmer oder doch Zu=
ſchauer beim Elbkampf, treuer und ausführlicher berichtet haben
wird. Die Irrthümer, die Voigts Darſtellung ſehr beein=
flußt haben, werden uns noch ſpäter beſchäftigen. Doch iſt
dieſe Zeitung ziemlich bald nach der Schlacht niedergeſchrieben
worden, zu der Zeit, als die Majeſtäten noch zu Torgau
lagen, nach der erſten Aufforderung an Wittenberg zur Unter=
werfung.

Die Anonymität theilt mit dieſer eine Zeitung aus dem
Dresdner Archiv, für die ebenfalls Herzog Moritz den
Mittelpunkt bildet. Sie ſtammt offenbar aus ſächſiſchen Krei=
ſen: das zeigt die ganze Art, wie von Moritz und den Edel=
leuten ſeines Gefolges, „Tielen von Trota" und „Fabian
von Schonaich", geſprochen wird. Ein nicht herzoglicher
Schreiber würde, wie Baumann und ähnlich der Cüſtriner
Bericht, die Namen nicht ſo kurzweg genannt, ſondern die Be=
zeichnung als „ſächſiſche Edelleute" hinzugefügt haben. Dieſer
Bericht überſpringt ganz den Kampf um die Schiffbrücke und
beginnt gleich mit dem Scharmützel an der Furth, obſchon er
den Marſch des Feindes am 23ſten von Meißen abwärts an
die Spitze ſtellt; dann aber erzählt er knapp und klar die
Hauptmomente in Übereinſtimmung mit den beſten Quellen.
Dem Schlachtbericht werden die Übergabe Torgaus am 26ſten
und der Marſch von da bis zwiſchen Domitzſch und Pretzſch
als kurze Notizen angefügt. Für dieſen Tag wird man etwa
die Abfaſſung annehmen können. Auf einen Theilnehmer weiſt
nichts direkt hin, dagegen dürfte wohl die Übergehung des
ganzen Anmarſches und des ſo viel geſehenen und geſchilderten
Kampfes um die Böte ſprechen. Die Identifizirung dieſer
Erzählung mit dem Briefe eines ſo hervorragenden Offiziers,
wie der Vertheidiger Leipzigs, Baſtian von Walwitz, die Voigt

für wahrscheinlich hält, weil Melanchthon am 27. April das Eintreffen eines Briefes desselben in Wittenberg erwähnt, wird durch keinerlei Gründe unterstützt.

Um hieran die Briefe aus der nächsten Umgebung Herzog Moritz' zu knüpfen, so hat Dr. Christof Türk die Schlacht wohl von dort beobachtet, wo er den Brief an seinen Collegen Komerstadt am 25sten geschrieben hat, von der Bagage aus: es ist der erste Triumphruf über den Sieg und die Erreichung des Ziels, zu dem er selbst so viel mitgewirkt hat, die Hoffnung, nun vollends „ein guth friblich christlich Regimend und ordnung" zu erlangen, die Freude über die Erlegung des Gegners mit seinen Rittern und Räthen und über die mannlichen Thaten des Herzogs. Erst in der Nachschrift einige genauere Daten: die Furthfindung, die geringen Verluste der eigenen Partei, wiederum die Gefangenen und des Herzogs Heldenthaten, die große Beute, fragmentarisch die Worte bei der Ergebungsscene und die Verwundung, das ist Alles, nichts von besonderm Werth.

Der Brief des Herzogs selbst an die Räthe in Dresden ist, wie bemerkt, dem an den Landgrafen von demselben Tage nah verwandt, doch kürzer und früher geschrieben [1]), wohl gleich am Morgen, wo man noch glaubte, Reckerod sei gefangen und der Sohn Johann Friedrichs gefallen, recht knapp gehalten — denn er will nur den Triumph melden und das Tedeum befehlen —, aber in den einzelnen Angaben wegen seiner Herkunft wohl zu prüfen. Der triumphirende Ton ist in dem Briefe an Philipp viel gemäßigter, um so mehr läßt sich aber der Herzog Zeit zur Erzählung des großen Erfolges. Das Fragment des lateinischen Briefes Sibottendorfs an Komerstadt hat nur wegen der Angabe über die Ergebungsscene Werth, für die er Augenzeuge ist [2]).

---

1) Denn es heißt noch, Reckerod sei gefangen, was erst in einer Nachschrift verbessert wird. (Voigt giebt das Postscript, S. 430, das bei Langenn fehlt.) In dem Briefe an Philipp wird aber Reckerod nicht unter den Gefangenen genannt.

2) Diese vier Aktenstücke bei Langenn II, 303.

Einer von den fremden Herren, denen der Bischof von
Hildesheim den berühmten Wortwechsel zwischen Kaiser und
Kurfürst verdolmetschen mußte, mag Don Alfonso Enri-
quez di Guzman gewesen sein, der sie, nicht ganz in der
richtigen Fassung, in einem Brief an den spanischen Hof-
chronisten Pedro Mexia wiedergegeben hat [1]). Besser als
über diese deutschen Worte des Kaisers kann er über andere
referiren, die dieser an Alba oder ihn selbst gerichtet hat.
Er war in seiner Nähe während des Kampfes um die
Schiffsbrücken, den er lebhaft, doch ohne spezielles Eingehen,
schilderte; allerdings damals nicht an seiner Seite: denn
er bemerkt die Kaltblütigkeit, die von den Majestäten bewiesen
sei; sie hätten an einem Orte gehalten, wohin er sich nicht
getraut hätte. Später, als die Furth gefunden, war er aber
so nahe, daß er ein nur leise geführtes Gespräch zwischen Karl
und Alba auffangen konnte. Auch jenseits der Elbe ritt er
in der unmittelbarsten Umgebung Karls oder Albas, so daß
er eine ganze Reihe von Bemerkungen seines kaiserlichen
Herrn hören und berichten konnte. Wir haben hier also einen
Augen- und Ohrenzeugen für die Thaten und Worte, wie wir
ihn uns nicht besser wünschen können, wenn wir ihm vertrauen
dürfen. Ist er aber verläßlich? Guzman schreibt an einen
Hofhistoriker mit dem bestimmten Willen, ihm Material für
sein Geschichtswerk zu liefern, die Worte des Kaisers, seine
und seines Heeres Thaten der Nachwelt zu erhalten; aber der
Ton, in dem er schreibt, ist keineswegs höfisch, und er würde
schwerlich einverstanden gewesen sein, wenn Mexia so indiskret
gewesen wäre und seinen Brief ganz veröffentlicht hätte. Er
befindet sich in einer gar nicht rosigen Stimmung gegenüber
seinem Monarchen; und nach dem, was er uns mittheilt, kann
man ihm seine üble Laune nicht verdenken. „L'Imperator",
so erzählt er bei Gelegenheit des Elbkampfes, „andava alle-
gro, dando animo e fauore, percio che veramente ci fece

---

[1]) Die italienische Übersetzung bei Ruscelli. Lettere di Principi
III, 179.

la meglior parte in parole e fatti." Dann aber fährt er
fort: „guardate, che haveria fatto, se chi scrive questo,
l'havesse amato. Ma in cio per esservi tanti occhi, non li
posso levar molta parte della sua lode, quantunque tutto
quello, che io posso, lascio nel calamaro. Vi so dire, che
non è Dio, e se mi domandate in che lo lascia da essere,
io ve lo diro, se sete si grosso, che non lo vedete, in
quello, che lascio di fare, ancor che non uoglio lasciar
dirui, perchè in parte saria crudeltà, e in parte galantaria." [1])
Und nun erzählt er, womit er den Brief überhaupt begonnen
hat, wie er nach Ulm gekommen sei, krank, elend, ruinirt, mit
Gefahr seines Lebens über den Ocean her aus Peru, um die
Rechenschaft abzulegen, zu der ihn ein kaiserlicher Brief gefordert. Wie er da um die Untersuchung gebeten, hat ihm
der Kaiser gesagt: „Don Alfonso, non è tempo de negocii."
Darauf, nachdem er den Zug gegen die Elbe mitgemacht und
den Dienst, den er erzählen will, einen Ordonnanzritt, gethan, läßt ihm seine Majestät durch seinen Sekretär sagen: er
könne jetzt gehen, wenn er wolle, der Kaiser sei von ihm be-
friedigt: als ob er durch das feindliche Land ohne Bedeckung
hindurch reisen könnte; das erinnere ihn, so ruft er sehr erregt
ironisch aus, an den Kapitän eines biscayischen Schiffes, der
zu den vor Angst schreienden Passagieren sagte: „Heraus aus
meinem Schiff, ich will keinen Lärm an Bord" — und auf
100 Meilen war kein Land zu sehen. Guzman hat nicht versäumt, bei dem Kaiser selbst Beschwerde zu führen, aber bisher
keine Antwort erhalten. „Quello che disponerà io ve lo
diro", damit schließt er die Episode, um in der Schlacht-
erzählung weiter fortzufahren. So aber ist der ganze Brief
gehalten: es sind unmittelbare, ganz vertrauliche Ergüsse an
einen diskreten Freund; wie ihm die Gedanken gerade kommen,

---

1) Diese letzten Worte sind mir nicht ganz verständlich. Ähnlich
weiterhin: „Non voglio lasciar di dirvi, che tutta questa lode, ch' io
ho detto dell' Imperatore, non mi ha da impedir, s' io vorrò dir mal
di lui, percio che questo Dio è, e non lui", etc.

so wirft er sie aufs Papier, im buntesten Durcheinander: Prozeß, Reise, revolutionäre Pläne der ketzerischen Fürsten, die Häresien ihres Lügenprofeten Martin Luther, die Kämpfe an der Donau und Elbe, Reichstag und Concil, Urtheile über den Kaiser und die Reformation des kirchlichen Lebens, und Beobachtungen des Fremden über deutsches Leben, die Getreidespeicher Nürnbergs, die sächsischen Pfarrhäuser, die Schlösser des Kurfürsten mit den ketzerischen Gemälden, welche vielleicht Kranachs Pinsel entstammten, die wackere Haltung des gefangenen Kurfürsten u. s. w. Zum Theil sind es sehr confuse Vorstellungen, die er von den deutschen Dingen hat: der sächsische Kurfürst habe römischer Kaiser und König von Böhmen werden wollen, sein „cugino", der Landgraf, römischer König; deshalb hätten sie rebellirt; „per suo proprio interesse e uitio" haben sie höher als die Satzungen der „primitiva chiesa" und so vieler „dotti, casti e giusti dottori" die Häresien des Martin Luther gestellt, dieses gewesenen Augustinerbruders, „vicioso maridato una uolta, e un' altra doppo di uedovo con due monache professe, come lui": des Lumpenprofeten, in dessen unsinnigen Lehren das deutsche Volk die Profezeiung eines andern Ketzers wahr geworden glaube, der einmal „nel concilio di Basilea molto tempo ò" verbrannt worden sei. Nichts macht uns die ungeheure Kluft zwischen dem spanischen und dem deutschen Wesen anschaulicher als diese Äußerungen eines der vornehmsten spanischen Kavaliere, der über die deutschen Kirchen- und Verfassungsformen redet, wie etwa Johann Friedrich oder Philipp, wenn sie nach Peru verschlagen wären, über Religion und Staat der Inkas gesprochen haben würden. Aber wie verdreht seine Vorstellungen über die religiösen und staatlichen Ideen der deutschen Nation sein mögen, seine Beobachtungen über Land und Leute verrathen dennoch den geschärften, aufmerksamen Blick des weitgereisten, welterfahrenen Mannes. Wie gut weiß uns dieser glühend katholische Grande in die sächsischen Pfarrhäuser einzuführen: zu den verheiratheten Pastorsleuten mit ihren vielen Kindern, wo überall in der Putzstube das Bild Martin Luthers hängt

im priesterlichen Gewande, wie ein heiliger Vater, ihm zu
Füßen viele Menschen, denen er mit Brod und Wein com-
municirt, neben ihm ministrirend ein Priester, zur Rechten
ein Crucifix, auf das er mit dem Finger deutet, und zur
Linken in der Hölle unser heiligster Vater der Papst sammt
seinen Cardinälen. Ähnliche tendenziöse Gemälde sieht er in
Wittenberg an den Mauern des kurfürstlichen Schlosses: Christus
mit dem Kreuz auf der Schulter und den Papst auf seinem
Thron, jener den Armen die Füße waschend, während dieser
sie sich waschen läßt. Mit Erstaunen sieht er die Inschriften
auf den erbeuteten Fahnen: „Lettere sante e buone, non
essendone essi. In una diceva il Breue: La parola di Dio
resterà in eterno, in l'altra, Se Dio è con noi, che sarà
contro noi? E questo era scritto in lengua Latina." Er
bemerkt in den Dörfern die kurfürstlichen Salve-Garde-Marken,
die sich die Bauern von Johann Friedrich hatten geben lassen,
um sich von der Plünderung loszukaufen, „nella quale era be-
nissimo dipinto un scudo con le sue arme". Einen ganzen
Wagen voll solcher Geleitsmarken habe man erbeutet.

So vereinigen sich in Guzman Theilnahme in der hervorragendsten Stellung, Kunst- und Absichtslosigkeit der Darstellung,
eine Objektivität, die, schon an sich vertrauenerweckend — nirgends sucht er sich in ein besonderes Licht zu setzen —, durch
sein gespanntes Verhältniß zu dem Sieger und den diskreten
Charakter seiner Mittheilungen noch erhöht werden muß, und
das Talent, scharf zu beobachten und gut zu erzählen, um
ihn zu einem Gewährsmann ersten Ranges zu erheben [1]).

Hinter diesen Briefen und Zeitungen aus den verschiedensten
Kreisen des kaiserlichen Heeres stehen die Berichte seitens der
Besiegten an Zahl und Werth weit zurück.

In Magdeburg schrieb Georg Major 5 Tage nach der
Schlacht als Beilage zu einem Brief an den König von

---

1) Der Schluß des Briefes mit dem Datum fehlt. Doch kann er
nicht sehr lange nach dem Ereigniß geschrieben sein, da von der erfolgten
Einberufung des Reichstages nach Augsburg die Rede ist.

Dänemark eine Zeitung, die von falschen Angaben wimmelt, als Quelle ganz werthlos¹).

Unter den wenigen Aktenstücken, die Hortleder zur Geschichte der Schlacht mitgetheilt hat, befindet sich auch die Relation, die der Rittmeister Paul Mühlpfort vor dem Sohne Johann Friedrichs einige Tage nach der Schlacht in Wittenberg, wohin auch er glücklich entkommen war, erstatten mußte: eine Anklageschrift mit der Tendenz, einen der Oberoffiziere, Goldacker, als den Verräther, den Judas seines frommen Herrn zu brandmarken, für den Ankläger um so leichter, als der Verklagte, nicht so glücklich wie er, den Feinden in die Hände gefallen war. Daneben versäumt Mühlpfort nicht, seine eigenen Dienste in gutes Licht zu setzen. Ein solcher Zeuge wird nicht allzu viel Vertrauen beanspruchen dürfen. Er giebt gar keine fortlaufende Darstellung, sondern nur die Momente an, in denen ihm die Verrätherei klar zu Tage zu treten scheint oder auch die Verdienste, die ihm selber zukommen: schon beim ersten Erscheinen der Feinde jenseits des Flusses, dann besonders während des Marsches vor und in dem Walde. Doch sind die Angaben nicht schlechthin bei Seite zu schieben: Zeit- und Lokalangaben sind hier und da von Werth; es wird darauf ankommen, den Moment zu bestimmen, in den er jedesmal einen Dienst von sich oder eine Verrätherei Anderer setzt: daraus wird in der That auf die Vornahmen bei dem fliehenden Heere einiges Licht fallen, das hellste jedenfalls auf die Verwirrung und Kopflosigkeit, die Führer wie Untergebene auf ihrem überstürzten Rückzuge überfallen hatte; man wird vielleicht mit einigen Restriktionen die Angaben über die getroffenen Maßregeln acceptiren können, ohne denselben Schluß, wie Mühlpfort, aus ihnen zu ziehen.

Wie in Mühlpfort den Kläger, so haben wir in Hans Ponickau, dessen Mittheilungen über die Schlacht Burkhardt in eine Darstellung der Schlacht und des Prozesses hineingearbeitet hat²), einen Angeklagten vor uns. Die An-

---
1) Corp. reform. VI, 513.
2) Archiv für die Sächsische Geschichte VIII, 49.

klage traf nur sein Benehmen auf dem Rückzuge, und so lernen wir blos über diesen etwas aus seiner Vertheidigung und den Zeugnissen, die einige Edelleute und ein Weimarer Bürger für ihn abgegeben haben. Viel ist es nicht; das Wenige betrifft den Moment des letzten Zusammenstoßes und des Beginns der Flucht.

Recht vortheilhaft von der nothwendigen Gefärbtheit dieser Berichte sticht die Relation ihres Kameraden Wolf von Creutz ab. Die Erregung der ersten Tage nach der Niederlage hat sich gelegt; der Adressat des Briefes, Herzog Albrecht von Preußen, ist eine neutrale Persönlichkeit; Creutz selbst hat von sich nichts zu entschuldigen oder Andere anzuklagen. So giebt er in der That eine ruhige Erzählung, in der weder er noch Andere gut oder schlecht hervorstechen. Sein Hauptinteresse haftet ebenfalls an dem Rückzuge und der Flucht; von dem Schiffskampf erfahren wir durch ihn so wenig wie durch Ponickau und Mühlpfort; aber von dem Kampf an der Furth ab erzählt er ausreichend und anschaulich. Seine Zahl- und Zeitangaben sind zu beachten. Die Verfolgung durch die Feinde tritt gut hervor; die Maßregeln, die man vor dem Walde zum Widerstande traf, und die Flucht, in die man hineingerissen wurde, haben keinen besseren Gewährsmann als ihn. Sein Bericht über die Mission Lerseners, der ihm sonst, da er ihn des Landgrafen Kanzler nennt, fremd war, wird durch diesen selbst freilich überflüssig gemacht, zum Theil auch widerlegt. An einer Stelle aber, an der er sich direkt auf sein Zeugniß beruft, für die Aussage der beiden Gefangenen vor dem Kaiser über die Stärke der kursächsischen Truppen, giebt er die erfreulichste Bestätigung nicht nur für Lersener, sondern auch für den zuverlässigen herzoglich-sächsischen Bericht, der ganz wie Creutz einen jener Gefangenen als den Schmidt Herzog Ernsts von Braunschweig bezeichnet.

Allen den Vorzügen und Schwächen dieser Berichte gegenüber brauche ich kaum noch besonders auf den Werth aufmerksam zu machen, den Lerseners Brief für uns haben muß. An Unparteilichkeit kommt ihm keiner gleich. Niemand hat, wie er, die Schlacht auf beiden Seiten mitgemacht; die wenigsten überall so unmittelbar im Brennpunkt der Ereignisse. Er will nichts von sich selbst aussagen, als daß er seinen Aufträgen, so viel ihm möglich gewesen, nachgekommen sei, dasselbe Bestreben, das alle seine Berichte durchzieht. Deshalb ist er von der frühesten Tagesstunde an bei dem Herzoge, in seiner Nähe während des Elbkampfes, reitet mit ihm durch die Furth, weiter bis vor die Feinde und, obschon „sich der ernst albereid hatte angefangen und der scharmuzel groß und hart ware", zu dem Kurfürsten selbst. Die Schlachtbeschreibung ist nur nebenher eingefügt, blos um zu zeigen, wie er stets bei dem Herzoge geblieben sei; aber ihre Ausführlichkeit und Treue ist so groß, wie alle Berichte, die wir aus Lerseners Feder besitzen. Er bemerkt diesmal nicht, daß seiner langen Relation ein Notizenzettel als Concept zu Grunde liege. Dennoch glaube ich nicht daran zweifeln zu dürfen: die Genauigkeit sämmtlicher Angaben vom 20sten ab scheint mir selbst bei dem vortrefflichen Gedächtniß, das Lersener gehabt haben muß, ohne schriftliche Aufzeichnungen nicht denkbar zu sein. Zum Glück ist der eine Memorialzettel vom 29. März bis zum 20. April erhalten; noch sieht man aus den vielen Falten, wie zerknittert er durch das lange Umhertragen wurde. „Es ist ubel geschrieben", so entschuldigt er sich in dem Brief vom 20. April, „dan ich der zeit nicht habe, den umbzuschreiben, muß immer bei den Wegen pleiben und dem Zuge folgen." Wir werden aber annehmen dürfen, daß auch die kurzen, präcisen Angaben über die einzelnen Phasen des Gefechts von ihm auf einem neuen „Denkzettel" unmittelbar auf dem Sattel notirt worden sind.

Den Brief- und Zeitungsschreibern stehen die Historiker gegenüber. Auch von diesen die Mehrzahl und die besten die Sieger: der Kaiser in seinen Commentarien, neben ihm Avila und zwei Italiener, Goboi und Faleti.

Nach Zeit und Werth gebührt Avila der Vorrang [1]). Seine Schlachtbeschreibung verdient die höchste Beachtung, sie ist die erste aller Quellen. Es ist das Haupt- und Prachtstück seiner Geschichte, der Gipfelpunkt seiner triumphirenden Darstellung: die Vorzüge, vielleicht auch die Schwächen seines Werkes müssen in ihm ganz besonders zu Tage treten. Die Erzählung der Schlacht verräth die lebendige Anschauung des hervorragenden Theilnehmers. Mit Vorliebe und Kenntniß wird das Terrain besprochen, seine Vorzüge und Nachtheile, wie die Ausnutzung durch die Freunde und die Gegner. Die Führung der Schlacht, auch seitens des Kurfürsten, findet in den verschiedenen Momenten ihre Prüfung. Avila sucht auch die Intentionen der Sachsen klar zu legen: man sieht, daß er sich später mit den feindlichen Führern über das Gefecht unterhalten hat. Er knüpft taktische Reflexionen an die Maßregeln der Heerführer und die Wendungen, die das Gefecht nimmt. Überall bemerken wir den erfahrenen Militär, der für militärische Kreise schreibt. Zu seinen Urtheilen berechtigte ihn seine Stellung vollauf. Denn als Freund und Vertrauter des Kaisers war er wohl während des ganzen Gefechts an dessen Seite. Guzman erwähnt ihn allerdings nicht unter den Spaniern, die jenseits der Elbe den Kaiser begleitet hätten, doch hat gerade er die Worte überliefert, die der Großkomthur von Alkantara an Karl V. vor der Ergebung des Kurfürsten wagen durfte, und die Avila selbst taktvoll verschweigt. Daß er mit dem Kaiser durch die Furth geritten, sehen wir aus seiner eigenen Erzählung; auch eine spätere Bemerkung beweist, daß er in dem Gefolge des Kaisers die Schlacht mitgemacht hat [2]). Es ist überhaupt nicht die Art dieses Schriftstellers, die eigene Person in den Vordergrund zu stellen: um so mehr aber die des Kaisers. Denn wir haben nicht nur einen Offizier, sondern auch einen Höfling vor uns. Nur der Kaiser denkt,

---

1) Ich citire nach der Ausgabe von 1549, Antwerpen (En casa de Juan Steelsio).
2) Fol. 67, 2. Seite (b).

befiehlt, handelt; er ist die Seele der ganzen Kriegführung; selbst Alba, in Wahrheit der Sieger, tritt zurück, thut meist nur, was der Monarch befiehlt. Höchstens für den König, den Bruder, der bei Allen sonst im Hintergrunde steht, fällt ein Lob ab: er habe an diesem Tage wahrhaft königlichen Sinn bewährt. Ein classisches Citat kann dem humanistisch gedachten Geschichtswerk nicht fehlen:

„Ille sapit solus, volitant alii velut umbrae."

Das überhaupt ist Sinn und Tendenz des Buches: die Siege der großen Kaiser über die germanischen Barbaren erneuert durch ihren größeren Nachfolger. „Dieses ist die Elbe", ruft er bei der Ankunft an dem Fluß aus, „so oft von den Römern genannt und so selten erblickt." Der Triumph des spanischen Cäsar zum Ruhme Gottes, d. h. des Katholicismus: „Diesen großen Sieg betrachtete der Monarch als ihm durch Gottes Hand verliehen. Daher wiederholte er jene drei Worte Cäsars, nur das dritte so ändernd, wie es ein christlicher Fürst soll, welcher die ihm widerfahrene Gnade des Herrn erkennt: ich kam, ich sah, und Gott siegte." Der Kaiser selbst unterläßt in seinem Briefe den Dank gegen Gott: dem Höfling steht es wohl an, darauf hinzuweisen. Wir wissen jetzt, daß Jovius selbst den Gedanken eingegeben hat, der Avilas ganzes Buch durchzieht, die Parallelisirung mit den Sachsenkriegen Karls des Großen[1]). Es sind die Vorstellungen, die in der Umgebung des Weltherrschers als correct galten; wir athmen Hofluft; es ist der Geist, der, wie an dem Hofe des Kaisers, so an den Musensitzen seiner italienischen Vasallen schon überall die Oberhand hatte: Renaissance der Gegenreformation.

Wie aber? Hat etwa der Höfling und Humanist verdorben oder wenigstens verschwiegen, was der Kriegsmann besser wußte? Kein Geringerer als der Kaiser selbst — und anderswo finden wir, wenn auch modificirt, die Bestätigung — hat uns bezeugt, daß er, entgegen andern Vorschlägen, nach

---

1) Druffel, Viglius, S. 10*.

Auffindung der Furth, Bedenken getragen habe, die Reiterei
alsbald hinüberseten zu lassen. Daß es doch geschah, entschied
den Feldzug. Daher bei Avila hiervon nichts als die Worte:
„Der Kaiser beschloß, seinen Entwurf des Flußüberganges aus=
zuführen, und zwar noch selben Tages, damit Kurfürst Johann
Friedrich keine Zeit zur Besetzung der erwähnten festen Plätze
behalte, wodurch der Krieg um mehrere Jahre verlängert
worden wäre." Sehr zuverlässige Quellen berichten von einem
Scharmützel an der Furth nach deren Auffindung, vor jenem
Kriegsrath, das nicht ganz glücklich für die Kaiserlichen ablief.
Avila verschweigt es nicht, sagt aber über den Verlauf das
Gegentheil von dem, was jene unparteiischen Berichte wissen.
Daß die Hervorhebung des Kaisers allerorten, die Rückführung
eines jeden strategischen Gedanken auf den erhabenen Geist
Sr. Majestät ungebührlich ist, brauchen wir kaum hervorzuheben.
Die offizielle Bewunderungssucht Avilas geht so weit, daß er
sogar den Flußübergang als eine Heldenthat rühmt, ihn als
nicht ungefährlich darstellt, nachdem schon tausende von Reitern,
ohne einen Mann zu verlieren, hindurchgekommen waren. Sehr
genau sind seine Zahlenangaben. So giebt er die Stärke der
Reitergeschwader im Detail an, mit denen Alba und Karl den
Feind verfolgten. Er rechnet 1770 beim Vortrab und 1600
beim Gewalthaufen heraus, und fügt ausdrücklich hinzu: „Dies
war unsere gesammte Reiterei, nicht mehr oder weniger als
ich angegeben." Gleich darauf nennt er die Zahl der Gegner:
6000 Fußknechte und beinahe 2700 Reiter; dazu kommen 21
Stücke Geschütz. Daß der erste Stoß durch die Vortruppen
erfolgte, läßt doch auch seine Darstellung durchblicken, obgleich
die Mitwirkung des Haupttreffens nach Möglichkeit herbeigezogen
wird. Da war es denn allerdings ein Sieg, wie er glänzen=
der nicht erdacht werden kann. Nun wissen wir aber, daß die
kaiserliche Cavallerie bei dem Ausmarsch aus Eger und noch
bei der Elbe gut 6000 Pferde zählte. Der Kaiser selbst
schrieb seiner Schwester, in einer halben Stunde wären 4000
über den Fluß gegangen, mit Alba und Herzog Moritz; dann
erst der König, er selbst und der Rest der Cavallerie. Die

6*

ordre de bataille des kaiſ. Anon. giebt ganz dieſelben Truppenkörper an, wie Avila; nur die Zahl eines jeden iſt höher gegriffen, ſie erreicht 6000. Hat der höfiſche Geſchichtſchreiber hier nur geirrt?

Gerne und mit Recht ſtellt man der Geſchichte Avilas die Commentarien des Kaiſers ſelbſt gegenüber[1]). Es iſt aufs beſte bezeugt, daß Karl kein Buch lieber las als jene ſchmeichelnde Darſtellung des größten Jahres ſeines Lebens. Um ſo mehr iſt die Annahme berechtigt, daß er bei dem Niederſchreiben ſeiner Kriegserinnerungen die Erzählung des vertrauten Vaſallen vor ſich gehabt und hier und da eine entgegengeſetzte Auffaſſung zur Geltung hat bringen wollen. Beſonders bei der Auffindung der Furth tritt dies zu Tage: der Nachdruck, mit dem der Kaiſer betont, er habe den Bauer getroffen, ſcheint wirklich in bewußtem Gegenſatz gegen Avila, der dies dem Herzog von Alba zuſpricht, zu ſtehen. Den Angaben des Monarchen wird man immer einen hohen Werth beilegen müſſen. Der überſchwängliche Ton Avilas, die Parallelſtellung zu Cäſar und Karl dem Großen, die ſchroff katholiſche Färbung, der laute Siegesjubel über die Erlegung des Ketzers und Barbaren fehlen. Dennoch ſteht auch in den Commentarien des Kaiſers Perſon im Mittelpunkt, mehr faſt als bei Avila. Karl führt alle Maßregeln auf ſich ſelbſt zurück, motivirt ſie ausführlich und jedesmal ſo, daß wir ſie billigen müſſen. Das göttliche Erbarmen, das den Nebel plötzlich zerſtreut, wird hier dankbar hervorgehoben, auch demüthig das allmächtige Walten der Gottheit anerkannt. Die übrigen Beweiſe ſeiner katholiſchen Geſinnung überläßt er den Federn der Höflinge; ſo auch die Ergebungsſcene, die mit den Worten abgethan wird: „Der Herzog von Alba führte Johann Friedrich herbei und ſtellte ihn dem Kaiſer vor". Es iſt die Ruhe bewußter Majeſtät, die uns ſchon aus dem Brief an die Schweſter anſprach.

---

1) Citirt nach der deutſchen Überſetzung von Warnkönig, Leipzig 1862.

Die Commentare sind mehrere Jahre nach dem Feldzuge geschrieben, zu einer Zeit, wo sich die offizielle Auffassung ganz festgesetzt hatte. Der Kaiser zeigt keine andere. Auch nach ihm ist die Schlacht ein übergroßer Triumph. Er giebt an, der Kurfürst sei ihm an Cavallerie gleich stark gewesen: das ist noch mehr als Avila. Er berichtet über Vorgänge, die er gar nicht gesehen hat; er weiß sich Reflexionen und Beobachtungen zu erinnern, statt deren wir aus der Feder unmittelbarer Zeugen, die bald nachher geschrieben, ganz andere Worte lesen; er giebt Befehle von sich an, die unmöglich von ihm ausgegangen sein können.

Die Frage, ob unsere Quellen mit Absicht oder nicht die Unwahrheit berichten, ist sehr selten zu entscheiden; in der Regel werden wir um so gerechter sein, je weiter wir die Grenzen der bewußten Fälschung hinaufrücken. Zum Glück kommt es uns meist nicht darauf, wie weit bewußt, sondern ob überhaupt unsere Gewährsmänner die Wahrheit sagen oder nicht. Den kaiserlichen Commentarien gegenüber werden wir, so hoch wir ihre Mittheilungen zu schätzen haben, daran festhalten dürfen, daß dem Schreiber seine Majestät keine andere Stellung zuließ, als die er in ihnen einnimmt, daß er seit Jahren keine andere Auffassung um sich gehört hatte, und daß er zu einer Zeit schrieb, wo die Erinnerung an die wirklichen Vorgänge durch die Vorstellungen, die beliebt und correct waren, immer mehr verwischt sein mußte.

Die literarische Stellung und Bedeutung Gobois und Faletis ist von G. Voigt eingehend gewürdigt, der Gegensatz zwischen beiden richtig bezeichnet worden[1]): beide kriegsberichtende Literaten, der eine Sekretär des Prinzen von Sulmona, der andere der des Don Francesco von Este, Goboi der Commentarien-, Faleti der Buchschreiber, jener nüchtern,

---

1) G. Voigt, Die Geschichtschreibung über den Schmalkaldischen Krieg, S. 659 ff.; Moritz von Sachsen, S. 382. Goboi ist nach dem Exemplar der Straßburger Univ.-Bibliothek, Faleti nach dem der Hof- und Staatsbibliothek in München citirt.

prunklos, aber genau Tag für Tag referirend, dieser der hochgebildete Humanist, Jurist und Poet, eine Zierde des Musenhofes von Ferrara, der seine ebenfalls täglichen Aufzeichnungen zu einem prunkenden, mit antiquarischen und geographischen Exkursen, moralischen und militärischen Reflexionen und kunstvollen Reden erfüllten Geschichtswerk verarbeitet hat. So gewiß richtig der allgemeine literarische Charakter beider Autoren. Gegen Voigt muß ich mich aber erklären, wenn er Godoi einen weder ausführlichen noch recht anschaulichen Berichterstatter über Mühlberg nennt, während Faleti, obwohl als Jurist und Humanist ohne militärische Erfahrung, doch sowohl die lokalen Bedingungen wie die einzelnen Vorgänge der Schlacht mit ausreichendem Verständniß zu schildern wisse. Gerade das Umgekehrte ist richtig, wie es allein ihrem schriftstellerischen Charakter entspricht. Es kann ebenso wenig zweifelhaft sein, wer von den beiden unter den Zeitgenossen mit seiner Kriegsbeschreibung größeren Ruhm erworben hat, als wer für uns größeren Werth beanspruchen darf. Godoi erzählt den Elbfeldzug, wie den an der Donau, trocken, ohne lange Reflexionen, treu berichtend, und ausführlicher als viele andere. Seine noch unbenutzte Darstellung des Anmarsches der kaiserlichen Armee von Eger her gehört zu dem Besten, was wir bisher darüber haben. Die Erzählung des Elbkampfes läßt sich hier und da corrigiren, aber sie gehört immer zu den werthvolleren, die einzelnen Momente sind einfach an einander gereiht. Die Thaten seines Herrn liegen ihm hier wie überall besonders am Herzen. Nirgends hat aber der Prinz von Sulmona, der Commandant der Vorhut, dem Kaiser bessere Dienste geleistet als auf dem Marsche gegen die Elbe und in der Verfolgung jenseits des Stromes. Und gerade diese Vorgänge hat niemand eingehender geschildert als sein Sekretär. Man kann vielleicht die Genauigkeit dieser Angaben in Zweifel ziehen, aber man wird nicht ihre relative Reichhaltigkeit bestreiten dürfen. Belehrt uns Guzman über die Verbindungen zwischen dem Kaiser und Alba, so führt uns Godoi noch weiter, in die vorderste Feuerlinie, giebt uns die Meldungen und Befehle, die zwischen den hart am Feinde hängenden leichten Reitern und dem commandirenden General hin- und hergiengen. Wir erfahren weder von Godoi noch Faleti, ob sie die Ereignisse mit erlebt haben. Aber das können wir von dem ersteren behaupten: hat er, was er schreibt, nicht selbst gesehen, so ist es ihm erzählt worden von eben den Reitern, deren Thaten er schildern will, vielleicht ihrem Anführer selbst.

Lebendig und anschaulich kann auch Faleti erzählen, mehr als gut thut. Er weiß in dem feindlichen Lager fast besser Bescheid als in dem eigenen. Er hat die tiefsten Blicke in die Empfindungen und Gedanken des feindlichen Heerführers gethan, und keine Persönlichkeit interessirt ihn mehr als der tapfere Germanenfürst, dessen Pläne, Reden, Befehle wie seine ganze äußere Erscheinung er uns aufs lebhafteste zu vergegenwärtigen weiß. Er berichtet die Ansichten, die in dem sächsischen Kriegsrath zu Meißen, Mühlberg und noch später geltend gemacht werden; die Trostrede, durch die der brave Fürst flüchtige Bauern aufzurichten weiß; die feurigen Worte, mit denen er seine Truppen am Walde zum Widerstande antreibt: Alles genau so, wie er es in seinem Livius gelesen hat. Seine geographischen Kenntnisse kommen ihm dabei wohl zu Statten: wir sind ganz überrascht, wenn wir in dem Kriegsrath zu Mühlberg die Ansicht entwickeln hören, ob man nicht mit Aufgebung der Elbe die Truppen hinter der Elster um Schuuenitzo (Schweinitz) sammeln solle: Gedanken, die in der That einen verständigen geographischen Hintergrund haben, wenn auch ihre Strategie von geringem Verstand zeugt. Natürlich sind hierbei Angaben des Ptolomäus über Libonotrer und andere Barbarenstämme Urgermaniens mit den besten eigenen Beobachtungen bunt durcheinander gewürfelt. Bemerkenswerth ist daher die Terrainbeschreibung um Mühlberg. Hier hat Faleti originale Angaben, die nicht zu verachten sind, und solche, die sich mit andern decken, besonders mit Avila. An diesen erinnert er überhaupt durch mehr als blos in Styl und Tendenz. Er bemerkt, wie dieser, daß die Schiffbrücke von den Sachsen in brei Theile zerlegt worden sei, erzählt fast ganz so die himm-

lischen Siegeszeichen, vom Adler, der das Heer umkreist, um
dann nach Norden zu ziehen, dem Wolf, der durch die Co-
lonnen läuft, und der blutigrothen Sonne, die ihren Lauf
verlängert, um den Sieg des Himmels zu verklären. Die
Angabe, die Avila von den Truppen macht, welche zum
Schutz der Brücke zurückblieben, findet sich genau so bei Faleti; nur fügt dieser noch die Namen der Regiments-Com-
mandeure bei, die jene Detachements stellten. Noch auffallender
ist bei ihm die Wiederkehr der Erzählung Avilas von dem
taktischen Manöver, das der Kaiser jenseits der Elbe durch
einen Halbrechtsmarsch ausgeführt habe, um den Staubwolken
der voranreitenden Geschwader auszuweichen und freieren Über-
blick zu gewinnen. Die Annahme der Abhängigkeit des Ita-
lieners von dem Spanier, der fünf Jahre früher geschrieben hat,
ist wahrscheinlich; sie könnte höchstens durch die Erwägung abgeschwächt werden, daß Faleti dann wohl aus dem verständigen
Bericht seines Vorgängers die Confusion seiner Erzählung etwas
geklärt hätte. Denn diese ist grenzenlos. Wollten wir seiner
„umständlichen und werthvollen" Beschreibung folgen, so müßten wir Alba die Besorgniß, im ganzen Sommer nicht über
die Elbe zu kommen, noch in dem Augenblicke äußern lassen,
wo die sächsischen Böte schon brannten; wir müßten ein Gefecht
jenseits des Flusses annehmen, bevor noch dieselben erobert
waren. Faleti läßt die ganze kaiserliche Armee so schnell über
den Fluß gehen, daß sie fast gleichzeitig mit den feindlichen
Plänklern auf deren Haupttrupp, bei dem der Kurfürst ist,
stoßen. Erst jetzt läßt er diesen die Predigt hören. Während
er betet, kommen die Seinen herbeigestürzt und schreien, der
Kaiser überschreite schon die Elbe mit unzähligen Mengen von
Reitern und Knechten. Und nun erst bricht das sächsische Lager
auf. Ganz lächerlich sind dann die Verwirrung, Rathlosigkeit,
Furcht der Sachsen, die Bravheit, mit der der Kurfürst sie
ermuthigt, der Kampf und die Flucht geschildert. Wenn Faleti
die Schlacht irgendwo mitgemacht hat, so muß er von jetzt ab,
wie Lersener, auf der feindlichen Seite gewesen sein. Dennoch
dürfen wir seinen historischen Roman nicht schlechthin verwerfen.

Mitten in dem Wust tauchen hier und da Originalnotizen auf, Mittheilungen dieses oder jenes Kriegsmanns, die völlig der wirklichen Situation entsprechen. Sie sind jedesmal leicht herauszuerkennen und beweisen, daß dieser Schriftsteller allerdings eigene Beobachtungen zur Grundlage seines phantastischen Kunstwerkes gemacht hat. Geradezu werthvoll sind seine Angaben über die Ereignisse von Eger bis Mühlberg. Hier hat er topographische und chronologische Angaben von höchster Bedeutung. Der Bericht über die Einnahme von Schneeberg (er sagt Chesbergo), die der Kaiser von Krimmitschau (Crimici) durch Albana (Aldena) und Georg Späth (Giorgio Especchi) bewirkt habe (etwa am 18. April), ist höchst zuverlässig: die Lage der Stadt am Fuße der sie beherrschenden Höhe, des Keilberges, ist aufs beste gezeichnet. So erkennt man hier überall die guten Beobachtungen, die er in den Berichten für seinen Fürsten an Ort und Stelle niedergelegt hat [1]). Schade, daß bei der Hauptschlacht seine dichterische Phantasie die Lücken seiner Kenntnisse so sehr hat ausfüllen müssen.

Ein Mittelding zwischen Zeitung und Geschichtschreibung sind die Relationen der Venetianer Contarini und Moce-

---

[1]) Stelborgo, wohin die Besatzung von Schneeberg sich zurückziehen will (S. 232) ist Stolberg, an der Straße von dort nach Chemnitz. Schon der Vorstoß, den Antonio von Toledo am 11. April von Eger gegen die Gebirgsstädte unternahm, ist gut geschildert: Adorf, Elsnitz (Elsnicco), Auerbach (Auerbacco) seien genommen. Dann kommt ganz richtig am 12ten der Aufbruch gegen Adorf. Confus sind die „sei alloggiamenti" des Kaisers Adorfo, Flosperga, Leisnicca, Plauena, Raicmbauo e Verde zusammengewürfelt; leicht erkennt man Adorf, das erste, Plauen, das dritte, Raichenbach, das vierte, Werdau, das fünfte Nachtquartier. Leisnicca ist hier eine Verwechselung mit Elsnicco, Elsnitz, wohin das Hauptquartier am zweiten Tage kam. In Flosperga erkenne ich nur den Floßbach wieder, der bei Adorf in die Elster fließt. Ganz vorzüglich ist die Beschreibung der Marschordnung am 17. April. (S. 235), in der Nähe von Glauchau (Glauco). Über die Besetzung von Altenburg, Waldenburg, Rochlitz, Leisnig haben wir nichts besseres; Godoi ergänzt sehr, Avila wenig, Karl selbst gar nichts. — Chenostano ist wohl Gnandstein, Valdimberga Waldenburg, Rocanizzo Rochlitz, Leisnicco Leisnig.

nigo. Der erstere knüpft an dürftige Mittheilungen nicht viel werthvollere Reflexionen, dieser ist ausführlicher und erzählt zum Theil nach Berichten kaiserlicher Cavaliere, die ihm z. B. den Übergang über den Fluß in der Auffassung Avilas berichtet haben. Originale Mittheilungen hat auch er nicht, doch nichts wesentlich Falsches, im Ganzen die richtige Auffassung. Seine Zahlenangaben über das kaiserliche Heer sind bemerkenswerth.

Die deutschen Geschichtschreiber der Schlacht verdienen der Mehrzahl nach kaum genannt zu werden: Sleidan, der mit wenigen Angaben seiner Straßburger Quelle dürftige Notizen aus Avila verbunden hat; Hans Christoph von Bernstein, dessen Denkwürdigkeiten ebenfalls nur ein paar bekannte Mittheilungen bringen [1]); Joachim Camerarius oder vielmehr über Mühlberg sein Fortsetzer Simon Stenius, die den geistreichen Gedanken gehabt haben, dem großen Nationalunglück ein Denkmal in griechischer Sprache zu setzen [2]). Auch Arnold, der Biograph Moritz', ist für die Mühlberger Schlacht als Quelle ganz hintenan zu setzen. Ihm lagen Baumann und Avila vor. Wenn er außerdem noch einige selbständig klingende Angaben macht, so muß das Vertrauen in dieselben stets durch die Erwägung abgeschwächt werden, daß ihm die lateinische Phrase lieber ist als der historische Inhalt. Ein originaler Werth darf seiner kurzen Schilderung nicht beigemessen werden.

---

1) Bei Bülau, Geheime Geschichten VII.
2) Voigt, Geschichtschreibung rc., S. 681 ff.

III.
Die Schlacht.

Das schwere Schicksal des Kurfürsten, sein Alleinstehen in dem Entscheidungskampfe und die würdige Haltung, mit der er sein Unglück ertrug, haben ihm von je größere Sympathien zugewandt, als dem Landgrafen, der ihn, wie die andern, in dem letzten Ringen verließ. In einer Flugschrift aus jenen Tagen wird die Erlegung des frommen Fürsten in einen Vergleich zu der Passion Christi gestellt. Der Verräther Judas Ischarioth ist natürlich Herzog Moritz, Johann Friedrich selbst der Herr, der für das Wort Gottes das Kreuz trägt und am Kreuze leidet; die beiden Schächer aber, die ihm zur Rechten und zur Linken für ihre Missethaten büßen, sind Ulrich von Württemberg und Philipp von Hessen. Wollen wir dagegen die Wahrheit sagen, wie es denn kam, daß Johann Friedrich zuletzt in dem Glaubenskampfe isolirt dastand, so verdankt er das Loos, als Märtyrer des deutschen Protestantismus gefeiert zu werden, seinem Vetter, Herzog Moritz.

Es ist schwer zu sagen, wie sich die Dinge für die Protestanten gestaltet haben würden, wenn Moritz nicht ihr Verräther geworden wäre: vielleicht nicht viel anders als es wirklich gekommen ist. Denn die schmalkaldischen Truppen wären auch ohne den heimtückischen Anfall in ihrem Rücken über kurz oder lang aus einander gelaufen. Lange Wochen vor dem Einbruch des Herzogs in die kurfürstlichen Territorien, schon Anfang Oktober, haben die beiden Bundeshäupter die Trennung des Heeres und ihren Rückzug in die reichen Stifter am Main geplant, so sehr die Oberländer dagegen protestirten und so deutlich sie durchblicken ließen, daß sie dann nicht anders handeln könnten, als sie später in der That gehandelt haben. Nehmen wir nun an, es wäre so gekommen, so hätte der Kurfürst dem Kaiser in derselben Lage gegenüber gestanden wie Philipp, Ulrich und die oberländischen Städte, und man darf zweifeln, ob er unter der allgemeinen Kleinmüthigkeit, die auch dann sicherlich nicht ausgeblieben wäre, sich allein als der Standhafte gezeigt hätte. Jetzt hatte er kämpfen müssen, wenn er nicht abdanken wollte; nicht der Kaiser war sein Feind gewesen, sondern sein Vetter. Und nie hat er eine solche Energie entfaltet als damals, wo er sein Eigen wieder haben wollte. Kaum aber ist er im Besitz des angestammten Landes, hat er Moritz seine Tücke mit der Verwüstung seiner Herrschaften und mit seiner Verjagung heimgezahlt, so versinkt er in den alten Fehler träger Defensive.

Im Monat März, ja selbst in den ersten Tagen des April standen die Dinge für Johann Friedrich, so verlassen von den Freunden er augenblicklich war, noch gar nicht so verzweifelt. Im Besitz des gesammten sächsischen Territoriums, an der Spitze eines überall siegreichen Heeres, gehoben durch den glücklichen Schlag bei Rochlitz, unterstützt von den allgemeinen Sympathien, mit der Aussicht, durch die böhmische Revolution Hülfe für sich und eine Quelle unübersehbarer Verlegenheit für den römischen König eröffnet zu sehen, bot eine kräftig durchgeführte Offensive noch gute Chancen selbst gegen beide Habsburger. Es galt, das Gebirge zu überschreiten, den Krieg in das Gebiet des nächsten Gegners zu tragen, den Aufruhr, der schon aufgeblitzt war, überall zu entflammen, mit der gesammelten Macht die feindlichen Truppen, die erst in einzelnen Corps zu ihrem Sammelplatze zogen, zu ereilen und zu zersprengen. Die Freunde im Norden waren noch unbezwungen und zum Kampf bereit, Philipp noch schwankend, doch gerade jetzt im Begriff, männlichere Entschlüsse zu fassen. Wie konnte der Kurfürst aber hoffen, daß die Böhmen ihm zuziehen würden, noch bevor sie in dem eigenen Lande Herren geworden waren! Nur von Böhmen aus konnte die protestantische Idee noch einmal zum Siege geführt werden. Freilich, es hätte in Johann Friedrich etwas von der rücksichtslosen Verwegenheit sein müssen, mit der sein Vetter oder der wilde Albrecht von Kulmbach ihr Alles auf eine Karte setzen konnten. Er aber war nicht besser als die Andern. Er hatte den Winterkrieg gegen Moritz geführt und ward erst in der Stunde vor seiner Gefangennehmung gewahr, daß er gegen den Kaiser um seinen Glauben und seine Existenz kämpfen müsse [1]).

Die erste Nachricht von der Stellung des Feindes erhielt der Kaiser am 22. April. Schon vor dem Aufbruch aus dem Lager zu Leisnig hatte man Kunde, daß der Feind in Meißen, 4 Meilen davon, sich verschanze. Karl, der schon damals die Absicht hatte, ihn dort aufzusuchen, richtete den Marsch dennoch, wie es scheint, gleich halblinks gegen die Mitte des Elblaufes zwischen Meißen und Mühlberg, um beiden Chancen, des Widerstandes in Meißen und des Ausweichens flußabwärts

---

1) Hortleder III, 68 hat ein undatirtes Gutachten der kurfürstlichen Kriegsobersten aus Meißen abgedruckt. Der Kurfürst lagerte dort vom 5. bis zum 22. April. In diese Zeit kann es fallen. Voigt setzt es ganz spät, nach dem Abmarsch des Kaisers von Eger, es scheint sogar noch nach der Verbrennung der Elbbrücke bei Meißen (S. 368 ff. 398). Er schildert wenigstens auf Grund dieses Aktenstückes die Ansichten, die man auf sächsischer Seite kurz vor der Niederlage gehabt habe. Die Datirung desselben würde also für das Urtheil über des Kurfürsten Strategie von Bedeutung sein. Nun scheint der Plan, in Alten-Dresden ein Blockhaus errichten zu wollen, doch nur die Idee zu sein, die in dem Putsch am 13ten versucht wurde, das Aktenstück also vor diesen Tag zu fallen.

gegen Wittenberg, zu begegnen [1]). Unterwegs ward man durch einen falschen Lärm erschreckt. Es verbreitete sich plötzlich das Gerücht, Thumshirn, nach anderer Angabe der Kurfürst selbst, ziehe heran [2]). Während nun der König und Moritz sehr erregt die ganze Armee engagiren wollten, giengen auf Karls Befehl nur 400 Reiter vor, welche die Meldung zurückbrachten, daß an dem bezeichneten Orte diesen Tag sich kein Feind habe blicken lassen, außer den Wenigen, die schon am Morgen von der leichten spanischen Cavallerie aufgehoben worden waren [3]). Die letzteren, erzählt Avila, hätten ausgesagt, daß der Kurfürst bei Meißen hinter der Elbe in einem befestigten Lager stehe. Diesen Coup, den Avila hier nur so nebenbei erwähnt, werden wir wohl mit dem Reiterstückchen identificiren dürfen, das nach dem ausführlichen Berichte des hier gut beglaubigten Godoi Don Diego di Caravagial, Lieutenant von Don Alvaro di Sandi', und ein anderer Caravagial, Lieutenant des Don Antonio von Toledo, im Auftrag des Commandanten der Vorhut, Fürsten von Sulmona, ausführten. Von Leisnig aus ritten sie mit geringer Bedeckung 30 Miglien weit gegen Meißen, recognoscirten die feindliche Stellung jenseits des Flusses, sahen das Geschütz, das auf der Brücke aufgepflanzt stand, und waren so glücklich, aus einem Scharmützel mit einer sächsischen Cavalleriepatrouille 3 Gefangene mitzubringen, die dann vor dem Kaiser über die Stärke ihrer

---

[1] Karl an Marie, Leisnig 22. April, bei Lanz, S. 460. Vgl. die Karte.

[2] Avilas Erzählung wird aufs beste bestätigt durch Lersener (s. o. S. 27): „Da ist kundschaft kommen, der churfurst sei uf derselbigen seiten der Elb, ziehe zu inen. Da hat man angefangen, schlachtordnung zu machen, und kriegsrath gehalten." Avila meldet es von Thumshirn. Dasselbe Faleti, der jenem hier so gleich erzählt, daß ein Nachschreiben ganz glaublich ist. Godoi giebt die Nachricht, die er auch auf den Kurfürsten bezieht, zum 23sten, muß hier aber dem vereinten Zeugniß Lerseners und Avilas weichen.

[3] Avila, S. 59, b; Faleti, S. 241. Avila hat hier Gelegenheit, die sorgliche Vorsicht seines kaiserlichen Herrn zu rühmen.

Armee Angaben machten, ohne jedoch sagen zu können, ob der Kurfürst bleiben oder abmarschiren werde. Am 22ſten noch erhielt der Kaiſer dieſe Meldung [1]).

Auch Moritz machte bald nach jenem blinden Allarm (Lerſener ſelbſt bezeugt es uns) einen Recognoscirungsritt, von dem er erſt ſehr ſpät ins Lager zurückkam. Hier hat einmal Faleti das Richtige, wenn er erzählt, der Herzog ſei auf der Rückkehr in eben jener Nacht von den Vorpoſten für den Feind gehalten und attakirt worden, ſo daß das ganze Lager allarmirt wäre. Man erkennt die Unruhe und Spannung, in die die Truppen ſchon durch die Nähe des Feindes gerathen ſind. Am Abend ſchlug man an der Jahna auf einem Schleinitz'ſchen Gute „Zum Hof" das Lager [2]).

Der 23. April war ein Ruhetag. Trotzdem er den lange geſuchten Gegner jetzt vor ſich hatte, wagte der Kaiſer doch nicht, mit den durch das fortwährende Marſchieren erſchöpften Truppen ihm ſofort die Stirne zu bieten. Am andern Tage, ſo war noch ſeine Abſicht, wollte er gegen Meißen ziehen. Indeſſen verſäumte er nicht, im Laufe des Raſttages ſich über die Stellung und Intentionen des Kurfürſten zu unterrichten, und die gut berechneten Anordnungen hatten vollſtändigen Erfolg. Nach zwei Seiten, flußabwärts und aufwärts gegen Meißen zu, giengen Recognoscirungstrupps. Die nach Meißen

---

1) Goboi, S. 42f. Hier giebt er die Truppenzahl des Kurfürſten an: 3500 Reiter, 10000 Mann Infanterie, und buona artegliaria. Der Bericht macht den Eindruck der Zuverläſſigkeit, obſchon die Zahlenangaben übertrieben ſind. Goboi giebt nur an, wann der Recognoscirungstrupp zurückgekehrt, nicht, wann er ausgeritten iſt. Vielleicht meint er aber, daß er den großen Ritt ſchon am 21ſten begonnen habe, da er von dieſem Tage nichts berichtet und unmittelbar davor ausdrücklich „Mittwoch den 20. April" nennt. Die Angaben, daß Karl die Nachricht von der Stellung ſeines Gegners in Meißen am 22ſten erhielt, beſtätigt er ſelbſt in dem Brief an ſeine Schweſter vom Tage nach der Schlacht. Ebenſo Arras.

2) Faleti, S. 242. Auch Bernſtein erzählt von einem großen „lermen", den Moritz am Freitage zur Nacht angerichtet habe (a. a. O., S. 21).

zogen, fanden die Brücke abgebrochen und verbrannt, das Lager verlassen; die Stadt unterwarf sich sofort. Sie hörten, daß der Feind schon um Mitternacht davongezogen sei. Die Andern entdeckten die feindliche Armee auf dem Marsche jenseits des Flusses; sie konnten beobachten, wie sich der Vortrab derselben Nachmittags gegen 3 Uhr bei Mühlberg festsetzte, und schlossen aus den Gepäckwagen, die sie mit sich führte, daß ihr Nachtrab erst gegen Mitternacht seine Quartiere erreichen würde. Beide Meldungen kamen fast zugleich Nachmittags gegen 5 Uhr im Hauptquartier an [1]). Durch Avila erhalten wir nähere Mittheilungen über die Cavalleriepatrouille, die das Terrain gegen Mühlberg aufgeklärt hatte. Es waren spanische Hakenschützen zu Pferde, an ihrer Spitze der Hauptmann Aldana, der mit seinen Reitern auch an der Expedition Georg Späths gegen Schneeberg theilgenommen hatte. Er brachte die Meldung, daß der Feind die Nacht in Mühlberg bleiben werde. Seine Reiter hatten den Strom durchschwommen, doch hatte er schon sagen hören, daß es bei Mühlberg eine Furth gebe. Von verschiedenen Seiten wird uns bestätigt, daß das kaiserliche Hauptquartier bereits an diesem Tage von der Möglichkeit,

---

1) So die sehr bestimmten und klaren Angaben der Commentarien. Creutz bestätigt den Abzug in der Nacht zum 23sten, „damit sie unser volck nicht eigentlichen besichtigen konthen". Am andern Tage „zu Mittag" seien sie vor Mühlberg angelangt. Die Rekognoscirung nach zwei Seiten bezeugt auch Karl im Brief vom 25sten (und Arras ebenso). Beide berichten bei Gelegenheit der Besetzung Meißens von der Gefangennehmung sächsischer Edelleute, der Herren von Hirschfeld, welche der abziehenden Armee so schnell nicht hätten folgen können, was uns Bernstein bestätigt (S. 21). Nehmen wir ihre Nachrichten von den Scharmützeln an diesem Tage auf dem Wege nach Meißen links der Elbe an, so hätte der Kurfürst noch nach dem Abzuge in der Nacht einen Beobachtungstrupp auf jener Straße zurückgelassen, was an sich wenig wahrscheinlich ist. Indessen werden, wie es scheint, hier die Ereignisse vom 22sten und 23sten durch einander geworfen, denn es wird erzählt, erst in Folge jener Gefechte habe der Kurfürst die Brücke verbrannt und seinen Abzug genommen, während doch der Aufbruch in der Nacht zum Sonnabend nicht bezweifelt werden kann.

über den Fluß durch eine Furth zu kommen, Nachrichten hatte. Avila bemerkt, mehrere Eingeborene hätten, darüber befragt, ausgesagt, daß es drei Leguas unterhalb Meißen zwei Furthen gebe, allerdings tief und vom andern Ufer aus leicht zu vertheidigen. Die Commentarien melden, an dem Tage der Ankunft im „Hof" — d. i. eben auch nach ihnen der 22ste — sei der Kaiser von der Existenz zweier Furthen bei oder gegenüber Mühlberg benachrichtet worden. Godoi will wissen, daß Herzog Moritz den Kaiser über die Möglichkeit, den Fluß zu durchfurthen, verständigt habe [1]).

Schon bereute der Kaiser, den Ruhetag zugelassen zu haben: entkam der Feind nach Wittenberg, so konnte sich der Krieg in die Länge ziehen und eine ganz unerwartete Wendung nehmen. Indessen durfte er noch hoffen, den durch einen langen Marsch ermüdeten Feind in Mühlberg selbst zu fassen, wenn er nur seinerseits einen Nachtmarsch machte. In dem Kriegsrath, den er am Abend berief und zu dem er neben dem König und Alba auch Moritz herbeizog, setzte er seine Ansicht nicht ohne lebhaften Widerspruch, wie es scheint besonders von Seiten des Generals, durch. Er wäre am liebsten sogleich aufgebrochen, um die ganze Nacht durch zu marschieren, fügte sich indessen den Gegengründen, die auf die Verwirrung hinwiesen, welche der an sich schon schwierige Abmarsch aus dem von der Jahna rings umflossenen Lager bei Nachtzeit anrichten werde. Man einigte sich dahin, die Wagen mit den Brückenschiffen sofort voranzuschicken, um Mitternacht aber mit der gesammten Armee aufzubrechen [2]). Der Kaiser war ent-

---

[1] „Chel fiume Albi si poteua passare a guazzo". Er setzt hinzu „appresso mulini di missna". Bei dem Verhältniß, das wir zwischen Avila und den Commentarien annehmen dürfen, ist, sobald sie übereinstimmen, niemals ausgeschlossen, daß Karl seinem Vorgänger diese oder jene Notiz entnommen hat.

[2] Über den entscheidenden Kriegsrath finden sich die besten Nachrichten in den Commentarien und bei Avila. Dieser zählt die Gründe

schlossen, den Elbpaß, sei es mit der Furth oder der Brücke, zu forciren [1]).

Bis Mitternacht gab man sich der Ruhe hin. Dann stand Karl auf und ließ im Hauptquartier zum Aufsitzen blasen, während in die weiter vorliegenden Quartiere Ordonnanzen mündlichen Befehl zum Aufbruch brachten [2]). Vor dem Abmarsch hörte er noch die Messe, an der neben seinem Bruder

---

auf, die gegen des Kaisers Entschluß geltend gemacht wurden. Er übergeht den, den letzterer allein anführt, daß man an der Existenz der Furth gezweifelt habe; schon hier merkt man, wie sehr es Karl darauf ankommt, sich selbst als den eigentlichen Entdecker der Furth zu bezeichnen. Von Alba sagt er später, daß er noch an der Elbe das Dasein des Durchgangs bezweifelt habe, und eben daher kann man annehmen, daß er diesen auch als seinen Gegner im Kriegsrath gemeint hat. Der Nachdruck, mit dem der Kaiser seine Initiative in dem entscheidenden Entschluß hervorhebt, fordert in der That hier, ihm zu glauben. Avila hebt hier noch mehr, wie irgend sonst, die wunderbare Einsicht seines Herrn hervor. Er übergeht den Vorschlag, den der Kaiser von sich selbst bezeugt, schon am Abend auszumarschieren. — Der Kriegsrath fand schon zu sehr später Stunde statt (s. b. Comm.). Auch Lersener setzt ihn an das Ende seines Tagesberichtes. Er bestätigt die Angabe der Commentarien, daß der König und Moritz zugegen waren. — Die Voraussendung des Ponton-Parks melden Karl in dem Brief vom 25sten, die Commentarien, Avila und der Str. Anon. Über das Mißverständniß Baumanns s. o. S. 54. Die Lokalität des Lagers bezeichnen die Commentarien. In dem Bach wird man die Jahna vermuthen dürfen.

1) Bei so vielen Zeugnissen dafür, daß der Kaiser den Übergang schon am 23sten geplant hat, ist mir die Meldung, die Moritz in den Briefen an die Räthe und an Philipp hat: sie seien am Morgen ausgerückt, um das Lager am Abend auf dem linken Ufer vor Mühlberg zu schlagen, unterwegs aber hätten sie gehört, der Ächter sei in Mühlberg, und das hätte sie erst zur Schlacht bestimmt, nicht verständlich. Sie aufzunehmen ist unmöglich. Moritz' eigene Worte zu Lersener im Moment des Ausrückens sprechen schon dagegen. Man wird eben annehmen müssen, daß Moritz zur Abfertigung jener Briefe nicht viel mehr als seinen Namen hergab.

2) So verstehe ich wenigstens die Worte Wirsbergs in dem zweiten Brief, S. 49. Vgl. Voigt, S. 392.

auch Herzog Moritz theilnahm ¹). In der frühesten Tagesstunde rückte man ins Feld ²).

Von der Zahl und Marschformation des Heeres können wir uns ein ungefähres Bild machen. Den ersten Anhalt giebt Wirsberg, der in dem zweiten Brief eine Beschreibung der Schlachtordnung versucht ³). Seine nicht ganz klaren Angaben über die „viereckete" Formation der Cavallerie werden sehr gut bestätigt und ergänzt durch die ordre de bataille des kais. Anon., wo dieselben Truppenkörper in fast der gleichen Reihenfolge genannt und bei jedem seine Stärke angegeben wird ⁴). Danach waren im „Vorzuge" über 800 Husaren ⁵), ferner in ungefährer Schätzung 200 spanische reitende Schützen, 400 italienische leichtberittene — ihr Führer Godois Herr, der Prinz von Sulmona —, 1500 Schützen- und Spießreiter unter den beiden sächsischen Fürsten, endlich 300 neapolitanische Kürassiere unter dem Herzoge von Castrovillar ⁶), dessen Befehlen auch der Rest der Schützenreiter des Markgrafen Albrecht, 400 Mann, unterstellt waren. Zwischen diesen Schaaren ritt der Kaiser mit den Fürsten. Das zweite Treffen bildeten in einer Front vom rechten Flügel ab

---

1) Daß Karl die Messe gehört habe, sagt Guzman, Fol. 181ª, daß Moritz beigewohnt, Karl selbst (Comm., S. 157).

2) Die Zeit wird verschieden auf 1 und 2 Uhr angegeben.

3) a. a. O., S. 50.

4) Der Anon. glaubt allerdings, dies sei die Formation jenseits der Elbe gewesen. Möglich, daß die Geschwader sich zur Verfolgung in derselben Weise formirten. Daß sie ungefähr in der gleichen Reihenfolge durch den Strom setzten, geht aus den verschiedenen Angaben hervor. Jedenfalls macht die Übereinstimmung zwischen der ordre de bataille des Anon. und der Wirsbergs, die ausdrücklich als die auf dem Marsche zum Flusse bezeichnet wird, es nothwendig, auch die erstere mit auf diese Zeit zu beziehen.

5) Faleti, S. 254, bezeichnet als ihre Führer Pietro Bachicchi und Bartolomeo Crovatti, Goboi nur diesen, den er Corvatto nennt. Ich denke, es war ein Horbáthy.

6) Guzman und Avila nennen ihn. Ersterer bestätigt die Zahl des kais. Anon. (Fol. 182ᵇ).

folgende Geschwader: die Garde und das „Hofgesind" des
Kaisers, die Abtheilungen des Erzherzogs Maximilian und des
Deutschmeisters, jede zu 400 Pferden, 300 böhmische Herren,
die dem römischen Könige folgten, und sein „Hofgesind",
das ebenfalls 400 Pferde zählte. Den linken Flügel hielten
der Sohn des Kurfürsten von Brandenburg und Herzog Wilhelm von Braunschweig mit 400 Pferden. Die Flankendeckung
und die Verbindung zwischen beiden Treffen wurden durch die
400 Reiter Markgraf Albrechts und die ebenso starke Schaar
des Markgrafen Hans von Brandenburg-Cüstrin, beides berittene Schützen, gebildet. Das macht zusammen 6300 Reiter,
etwas mehr als die Summe, die Voigt für die Musterung
in Eger herausgerechnet hat, daher ein Beweis für die
Genauigkeit dieser anonymen ordre de bataille. Auf eine
ähnliche Zahl führen die Angaben des Kaisers in dem Brief
vom 25. April: 4000 Reiter wären in weniger als einer
halben Stunde durch die Furth gekommen, darauf der Rest.
Wie viele später übergegangen sind, sagt Karl nicht, aber jene
4000 würden dem „Vorzuge" des Anon. entsprechen, der mit
den Flankengeschwadern 3900 Pferde zählte. Die Angabe, die
Wolf Creutz von Lersener gehört haben will, daß 8000
Reiter in der Verfolgung gewesen wären, ist übertrieben.
Aber ebenso sehr hinter der Wahrheit bleibt Avila zurück,
wenn er bei sonst ähnlichen Angaben über die nationale
Zusammensetzung nur 3570 Pferde herausrechnet[1]). Ist es
richtig, daß der Kaiser mit gut 6000 Pferden an die Elbe
kam, so ist gar nicht anzunehmen, daß er außer dem
Detachement gegen Torgau und dem Commando an der

---

1) 1970 unter Alba und Moritz, 1600 beim Kaiser und König.
Dazu muß man bei ihm allerdings 500 Reiter, die zum Schutze der
Brücke zurückblieben, und 300 Ungarn, die am Morgen gegen Torgau
geschickt waren, rechnen: immer aber werden es doch nur 4370. Falcti
kommt auch hier Avila nahe. An der Verfolgung läßt er 3900 Reiter
theilnehmen, 2200 unter Alba, 1700 unter dem Kaiser und König. Auch
er bemerkt, daß die Abtheilungen der brandenburgischen Fürsten an der
Brücke geblieben und eine andere gegen Torgau geschickt wäre.

Brücke auch nur einen Mann davon bei der Verfolgung hat entbehren wollen.

Als Fußvolk nennt der kais. Anon. vier deutsche Regimenter und ihre Fähnlein, aber nicht ihre Stärke, dazu ein spanisches Regiment von 7000 Mann. Die Gesammtzahl, die zu Eger 23000 Mann betrug, wird sich kaum vermindert haben, da der Abgang durch den Zuzug der Besatzungen von Leipzig und anderen kleineren Orten gewiß ersetzt war [1]).

Die Strecke, welche die Armee vom Lagerplatz bis vor den Feind zurücklegte, wird meist auf zwei, auch drei gute Meilen angegeben; fast drei Meilen ist in der That der Hof an der Jahna in gerader Linie von Mühlberg entfernt. Daher, und weil überhaupt Eile noththat, ist die Angabe der Mühlberger Lokalforschung, das seitwärts liegende Oschatz sei das erste Marschziel gewesen, schwer zu glauben. Oschatz zu brandschatzen, hätte man am Ruhetage Zeit genug gehabt. Die Landstraße pflegten aber die Heere jener Zeit, vorzüglich wenn sie in Schlachtordnung marschierten, nicht einzuhalten. Strehla würde schon eher am Wege gelegen haben; aber wenn der Kaiser wirklich bereits hier die Elbe erreicht hätte, so wäre der Name dieses Dorfes von den fremden Augenzeugen kaum verschwiegen worden. Eben deshalb haben sich die Wälschen mit dem barbarischen Namen des Dorfes Schirmenitz so sehr abgequält, weil dies der Ort war, wo sie den Strom erblickten, den seit Drusus kein Römerheer mehr gesehen hatte [2]).

Es mochte zwischen 8 und 9 Uhr sein, als das kaiserliche Heer bei Schirmenitz und Pausnitz auf der weiten Ebene, die sich eine viertel Stunde gegen die Elbe, eine halbe etwa bis

---

1) Vgl. Voigt, S. 394.
2) Die Wiedergabe des Namens durch Avila, Faleti, Vaudenesse s. bei Voigt, S. 395, Anm. 1. Mameranus nennt nur Pausnitz und Schirmenitz, die dicht neben einander liegen, doch giebt er überhaupt immer nur die Endpunkte der Märsche an.

Mühlberg erstreckt, anlangte, wo bereits durch die Furiere das Lager abgesteckt und in Quartiere getheilt war [1]).

Von diesem Orte aus, so nehme ich an, hat Herzog Alba einen Recognoscirungsritt unternommen.

Die besten Quellen gehen hier aus einander. Im schroffsten Widerspruch stehen die Commentarien und Lersener. Karl erzählt bei Gelegenheit des Kriegsrathes, er habe beschlossen, seinem General — d. i. aber doch Alba — die Wagen mit der Schiffbrücke nnd einige leichte Geschützstücke mitzugeben; und später, in seltsamem Widerspruch damit, er habe den Herzog von Alba vor Tagesanbruch mit leichter Cavallerie vorausgeschickt. Lersener dagegen sagt uns nichts von dem Recognoscirungsritt des Generals, um so bestimmter aber constatirt er dreimal dessen Gegenwart bei dem Kaiser. So gleich beim ersten Marschrendezvous. Hier sagt er von sich: „Also bin bei seinen f. g. ich plieben", um unmittelbar fortzufahren: „Ungever umb

---

[1]) Oder wurde es erst nach der Ankunft des Heeres geschlagen? Die Stelle bei Avila läßt beide Deutungen zu. Doch ist die erstere wahrscheinlicher. Die besten Angaben über die Ankunftszeit schwanken zwischen 8 und 9 Uhr. Avila sagt, etwa um acht sei Se. Majestät am Lagerplatz angelangt. Die Commentarien geben die Aufstellung des ganzen kaiserlichen Heeres gegenüber dem feindlichen Lager gegen 8 Uhr an. Arras dagegen und Karl selbst in dem Brief sagen, „environ les neuf heures" hätten sie eine viertel Meile vom Ufer Halt gemacht. Ganz um dieselbe Zeit setzt Lersener die Ankunft der Fürsten in Schirmenitz. Da Avila den Kaiser von dem Lagerorte aus dem Herzog nachreiten und ihn erst auf diesem Ritt in Schirmenitz einkehren läßt, so würde man vielleicht seine Angabe mit jenen frühesten Zeugnissen vereinigen lassen, wenn man seine Worte überhaupt so pressen dürfte. Creutz meldet des Kaisers Ankunft mit allen Haufen um 8 Uhr. Bernheims Angabe, Moritz sei zwischen 7 und 8 an der Elbe angekommen, ist schon deshalb werthlos, weil sich nach ihm der Herzog sofort am rechten Ufer in ein Gefecht verwickelt, aus ähnlichem Grunde die Meldung des Cüstriner Berichts, Alba und Moritz seien um 8 Uhr am Flusse eingetroffen. Auch der Fuggersche Bericht hat hier einen Zusatz: um 8 Uhr zwischen Brisnitz (Pausnitz?) und Schirnitz eingetroffen. Die andern Angaben, die von der Mittagszeit sprechen, verdienen keine Erwähnung.

neun ſchlege ſeint ſei, tee mit, herzog Moritz und duc de Alb
in ein dorf .... [kommen]." Hierauf berichtet er von dem
Frühſtück, ſowie daß der Kaiſer, der König und der Herzog
ihre Harniſche angelegt haben. Von Alba wird dies nicht ge=
ſagt. Es folgt ein kleines Recognoscirungsſcharmützel an der
Elbe, und banach heißt es wieder: „da kamen keiſer, konig,
herzog Moritz, duc de Alba **und der dolmetſch Curſius**",
um gemeinſam zu recognosciren. Die Sorgfalt, mit der Ler=
ſener auch hier berichtet, wird durch die Erwähnung des
Buonaccurſio bewieſen, der vorher nicht genannt wird. Mit
dieſen Angaben läßt ſich nun der Bericht Avilas ſo ziemlich
vereinigen. Der erzählt von dem Recognoscirungsritt Albas,
aber offenbar in der Anſchauung, daß er kurz vor der Ankunft
in der Flußebene erfolgt ſei: „Ala hora que tengo dicho
(8 Uhr), el Emperador y el Rey de Romanos tomaron algunos cauallos, y adelantaronse a topar al **Duque de
Alua que auia ido delante**, y auia bien reconoscido
los enemigos."¹) Dann geht Alba nochmal voran, um die
Furth zu finden, während die drei Fürſten in Schirmenitz etwas
eſſen; darauf reiten ſie ihm nach, und er meldet, daß ein
Bauer da ſei, der die Furth kenne. Ebenſo laſſen die Com=
mentarien den General vor Schirmenitz von ſeiner erſten
Recognoscirung wiedereintreffen und von hier zum zweiten Mal
vorgehen. In die Zeit dieſes zweiten Rittes von Schirmenitz
aus fällt alſo bei beiden, wie bei Lerſener, das Frühſtück.
Auch die betreffende Stelle in dem Briefe des Kaiſers am
Tage nach der Schlacht läßt ſich nicht anders verſtehen, als
daß Alba erſt in der Nähe der Elbe vorausgeritten ſei: „Environ les neuf heures du matin toute laditte armee, ayant
ja chemine deux grandes lieues, arriva a quart de lieue
pres du rivaige de laditte riviere. Et descouvrans lo duc

---

1) In den Bericht über die Meldungen Albas an den Kaiſer nach
dem erſten Recognoscirungsritt hat Voigt (S. 396) Angaben Faletis
(S. 245) eingeflochten, denen ich nicht vertrauen würde.

Dalve avec les chevaulx legiers trouvarent le pont" etc.¹) Der Kaiser fügt hinzu, dabei seien einige Schüsse über die Elbe gewechselt, entsprechend der Nachricht bei Lersener. Man mag daher mit den Commentarien und Avila annehmen, daß Alba zweimal, vor der Ankunft in Schirmenitz und von dem Dorf aus, ans Ufer geritten ist; aber man wird nicht mehr jenen nacherzählen dürfen, daß er vor Tagesanbruch vorausgeschickt sei ²); vielmehr werden wir mit Sicherheit behaupten können: das zweite Mal ritt Alba voran, während die Fürsten frühstückten und ihre Rüstungen anlegten ³). Auch „wälsche Schützen" giengen damals, wie uns Lersener erzählt und die Briefe Arras' und des Kaisers sowie der Str. Anon. bestätigen, an den Fluß vor: sie werden zu den 200 spanischen Hakenschützen gehört haben, die überall im Vortrab waren. Sobald man ihrer auf der feindlichen Seite gewahr wurde, kamen ihnen etwa dreißig Reiter bis zum Ufer entgegen. Man wechselte einige Schüsse, wobei die Spanier, soweit sie konnten, ins Wasser ritten. Dann zogen die kurfürstlichen Reiter wieder nach Mühlberg ab ⁴).

Dies Geplänkel und das Frühstück in Schirmenitz fallen etwa in die Zeit zwischen 9 und 10 Uhr.

Daß die Commentarien, Avila, Lersener immer nur ein und dasselbe Dorf meinen, in dem die Fürsten Rast gehalten und bei dem Karl den Bauer gefunden haben will, und daß

---

1) An der sonst ganz gleichen Stelle in dem Bulletin Arras' ist nur von den „chevaulx ligiers" die Rede. Vorher sprechen beide allein von Voraussendung der Pontons.

2) So Voigt, S. 392.

3) Voigt folgt der falschen Angabe Wirsbergs, der den Kaiser erst jenseits der Elbe die Rüstung anthun läßt, obschon ihn doch Avila bei dem Durchritt durch die Elbe in seiner prangenden Waffenrüstung schildert.

4) So der Bericht Lerseners, dessen Präcision und Anschaulichkeit auch hier über jedem Zweifel ist. Man möchte annehmen, daß er sich das Gefecht, während Moritz bei dem Kaiser war, aus der Nähe mit ansah.

dies, wie Avila ausdrücklich sagt, Schirmenitz war, darüber kann kein Zweifel sein. Wenn Voigt den Kaiser bei Aussig auf den Bauer stoßen läßt [1]), so bringt er damit nur eine Notiz des Herrn Mehligke vom Jahre 1671 in den zweifellosen Text der vornehmsten Augenzeugen.

Hiermit werden wir nun aber auf eine neue Frage geführt: wann und von wem ist der Bauer, oder wer es gewesen sein mag, gefunden worden, der die kaiserliche Reiterei durch die Furth gebracht hat?

Karl stellt sich in den Commentarien hier, wie bemerkt, der Erzählung Avilas so bestimmt entgegen, daß es nur mit Absicht geschehen sein kann, er will den Hofhistoriographen verbessern: nicht Alba, sondern ihm selbst gebühre das Verdienst, den Führer gefunden zu haben; Alba habe im Gegentheil noch vor Schirmenitz nach der ersten Recognoscirung daran gezweifelt. Karl spricht hier mit solcher Bestimmtheit, daß er eine genaue Erinnerung an den Vorfall haben mußte oder doch zu haben glaubte. Mit eben solcher Sicherheit aber spricht Avila, der doch den Ereignissen so viel näher stand, dem Herzoge die glückliche Entdeckung zu. Wem sollen wir glauben? Oder lassen sich vielleicht beide Berichte vereinigen?

Vergegenwärtigen wir uns die Situation: man wußte seit dem vorigen Tage, daß es eine oder zwei Furthen gebe, und man war entschlossen, womöglich durch sie den Fluß zu passiren. Die Furth war ziemlich tief; die Umwohner mögen sie daher nicht häufig benutzt haben; wenn die Schirmenitzer ihre Hühner zur Stadt brachten, so werden sie lieber im Nachen hinübergefahren sein, anstatt sich auf den Pferden die Stiefel voll zu füllen. Daß aber der Paß nur Wenigen in jener Gegend bekannt war, daß der Führer des Kaisers von den dortigen Bauern der „Geleitsmann" genannt sei, weil er ihn so gut kannte [2]), ist gar nicht zu glauben. Wer in Aussig und Vor-

---

[1] a. a. O., S. 396.
[2] Faleti, S. 249: „Il quale era tanto pratico di quel fiume che gli stessi paesani non lo chiamauano per altro nome che per

schitz wohnte, der wußte auch, wie er über den Fluß kommen konnte. Was also mußte die Aufgabe des Kaisers und seiner Offiziere sein? Unzweifelhaft, Einwohner herbeizuschaffen, die die Furth weisen konnten. Nun mag ein Guttheil der Bauern von Schirmenitz, Aussig und Pausnitz damals das Weite gesucht haben. Die Aussicht, mit den Husaren und ihren langen Lanzen Bekanntschaft zu schließen, war damals noch weniger verlockend, als es in unsern Tagen für das französische Landvolk ein Ulanen-Requisitionskommando gewesen ist, und die Schirmenitzer und Pausnitzer hatten am Morgen des 24ten Zeit genug, zu beobachten, wie sich das Ungewitter von beiden Seiten gerade über ihren Köpfen zusammenzog. Dennoch wird aber auch damals mancher Bauer es vorgezogen haben, auf seinem Hof oder doch in der Nähe zu bleiben, in der richtigen Erkenntniß, daß die ungeladenen Gäste bescheidener im Requiriren oder auch „Anwüsten" sein würden, wenn er sein Eigenthumsrecht persönlich dokumentire. Die Führer des kaiserlichen Heeres konnten daher hoffen, von den Umwohnern den Ort der Furth zu erfahren.

Eben dies aber ist die Schilderung Avilas: bei der ersten vorläufigen Recognoscirung sieht Alba nur die vortreffliche Position des Feindes, hinter dem breiten und tiefen Fluß ein höheres Ufer und eine ummauerte Stadt und Schloß. Er zweifelt an der Möglichkeit hinüberzukommen und trägt dem Kaiser sein Bedenken vor. Dann, nach der Berathschlagung, beim zweiten Vorreiten schickt er seine Reiter aus, um von allen Seiten die Einwohner an den Fluß herbeizubringen. Das gelingt so gut, daß eine ganze Schaar zusammenkommt, und in dieser findet sich ein junger Mensch — er mag Barthel Strauch oder Strauchmann geheißen haben und ein Ackerbürger aus Mühlberg gewesen sein — der sich zur Führung anbietet [1]).

Gleytsman, che suona in lingua Italica la scorta." Voigt folgt ihm, S. 397.

1) Fol. 61ᵃ: „Ordeno (Alba, nicht der Kaiser) que se buscassen algunos dela tierra que mas particularmente mostrassen el vado delo

Es wäre den Kaiserlichen gewiß nicht schwer gewesen, aus den Bauern, auch wenn sie obstinat waren, das Geständniß, wo die Furth sei, herauszupressen und sie selbst zum Führen zu zwingen. Das Charakteristische in der Erzählung Avilas ist aber, daß ein Bauer freiwillig seine Dienste anbietet: die Kurfürstlichen hatten ihm am Tage vorher zwei Pferde weggenommen. Dafür wollte er sich rächen: ihm sei es nur lieb, so äußerte er sich, wenn diesen Räubern allesammt der Hals abgeschnitten würde. Dem Spanier hat diese Ansicht gefallen. Er meint, solch ein junger Mann, der nur an die gebührende Genugthuung, nicht an seinen Verlust gedacht, habe wohl eine höhere Lebensstellung verdient [1]).

Ist nun mit dieser ganzen Situation die Erzählung des Kaisers unvereinbar? Ich dächte nicht. In oder kurz vor Schirmenitz, doch nachdem er mit Alba beschlossen hatte, Bauern zu suchen, traf Karl selbst einen, auf einer Eselin (erzählt er), der noch in der Nacht durch die Elbe gekommen war [2]) und jetzt die Führung anbot; und natürlich hatte er nichts eiligeres zu thun, als ihn Alba nachzuschicken. Damit ist die Erzählung Avilas nicht umgeworfen, und es bleibt nur die sachlich un-

---

que se sauia por la relacion q̃ hasta alli se tenia." Ibid.: „El Duque de Alua vino al Emperador (nachdem dieser Schirmenitz verlassen) y le dixo, q̃ le traya vna buena nueua, que tenia nueua del vado, y hombre de la tierra que lo sabia bien." Das klingt noch sehr unbestimmt. Genauer schon später nach Eroberung der Schiffbrücke, Fol. 62ᵇ:. „En este tiempo el duque de Alua torno a dezir a su Magestad certificadamente como el vado era descubierto y se podia passar." Und darauf erst, während der Anordnungen zum Übersetzen, ganz bestimmt (Fol. 63ᵃ): „Auia puesto tanta diligencia el duque de Alua en descubrir el vado: que por todas partes auia hecho buscar guias y platicos del rio, entre los quales se hallo vn villano muy mancebo" etc.

1) Fol. 63ᵃ: „Parescia que tenia animo digno de otra fortuna mayor que la suya, pues no se acordaua de su perdida sino dela vengança que auia de tomar, la qual ya parescia que sele representaua."

2) Auf der Eselin?

wichtige Frage, ob dies in der That der Führer oder nur einer aus dem Haufen der Bauern war, die Alba am Flusse versammelte. Erwägen wir, wie oft und mit wie bestimmten Einzelheiten Avila die Thätigkeit Albas beim Auffinden der Furth beschreibt, wie gut seine Erzählung zu der Situation paßt, ferner, daß auch Guzman den Herzog als den bezeichnet, der dem Kaiser die Auffindung meldet[1]), so wird die leichteste Lösung die sein, daß Karl allerdings in oder bei Schirmenitz einen Bauer fand, der die Furth ebenfalls kannte, daß der eigentliche Führer aber erst später herbeigebracht wurde: auch am Hofe war viel von der Furth und dem Führer die Rede, dem man den großen Triumph verdankte, und so ist es sehr erklärlich, daß sich in Karl die Meinung festsetzte, der Bauer, den er in Schirmenitz traf, habe den Weg durch den Fluß gewiesen[2]).

---

1) Fol. 182ᵃ: „Et ritornando al proposito della giornata, il Duca d' Alua disse all' Imperatore: (so!) habbiamo trouato il guado per passar il fiume, io il passaro etc." (nach Beendigung des Elbkampfes, um dieselbe Zeit, wie Avila).

2) Die Angaben der anderen Quellen über die Auffindung der Furth treten hinter jenen Hauptquellen zurück. K.=M. sagt: „Et comme entretant lon serchoit tous moyens pour passer laditte riviere, lon trouva ung guey." Doch sei sie an dieser Stelle noch gefährlich gewesen. Später, nach dem Gefecht um die Furth, heißt es aber: „Et continuant lon trouva ledit guey assez bon." Fast wörtlich gleich Arras. Es ist sehr bemerkenswerth, daß hier von des Kaisers Verdienst gar keine Rede ist. Moritz erwähnt in beiden Briefen nur ganz allgemein das Faktum. Ebenso Türk. Wirsberg und Gremp lassen die Husaren die Finder der Furth sein. Arnold schreibt den Fang des Bauern Moritz zu. Goboi bemerkt nichts weiter, als daß der Herzog von Sachsen am 23sten dem Kaiser die Existenz einer Furth angezeigt habe. Faleti gleicht auch hier Avila. Nur der „Gleytsman" ist sein Zusatz. Auch Crentz weiß von dem Bauer, dem der Kaiser für die Führung 50 Gulden geschenkt habe. Der Str. Anon. bemerkt kurz und an der rechten Stelle, ein Bauer und Landsässiger habe einen Weg über das Wasser angezeigt. Ebenso Mocenigo. Lerseuer und der sächs. Anon. constatiren nur das Dasein des Passes, nicht, wie er gefunden ist. In der That gehört die Sache nicht zu den Hauptfragen. Der kais.

Um die Zeit, wo der Kaiser mit seinem Bruder und Herzog
Moritz sich ein wenig refreirten und ihre Schützen zuerst am

A n o n. spricht wieder ganz unbestimmt, die Cavallerie sei „über die Elb
geschwemmt, an etlichen orten, und gezogen".

Eine seltsame Nachricht hat der sog. Cüstriner Bericht: Moritz und
Alba brechen in der Nacht mit der leichten Cavallerie auf und erscheinen um
8 Uhr vor Mühlberg. Hier treffen sie einen Bauer, den sie durch ein
Geldgeschenk bewegen, in einer „zillen" über die Elbe zu fahren, um
auszukundschaften, ob Johann Friedrich im Lager sei. Während des
Gefechts um die Böte kommt dieser wieder und meldet: ja, Hans Friedrich sei da, er rücke gerade ab und habe vier Zelte, Schanzen und Gräben
hinterlassen, um den Abmarsch zu verschleiern. Diese Erzählung, abgesehen von dem Anfang, würdigt Voigt einer Combination mit den
andern Nachrichten über den Führer. Er sieht nämlich in ihr den Schlüssel
für eine „sonst unerklärliche Abwesenheit des Burschen während etwa drei
Stunden, in denen man die richtige Furth nicht fand". Ließe sich nicht
vielleicht dafür noch eine andere Erklärung finden? Der Kampf an der
Elbe war lebensgefährlich. Guzman getraute sich nicht bis ans Ufer;
der Bauer wird noch weniger Neigung gehabt haben, mitten in dem
Kugelregen ans Wasser hinunterzugehen und den Reitern den schmalen
Paß zu zeigen. Übrigens war es auch später kein Leichtes, selbst durch
die Furth im Kampf das feindliche Ufer zu erklimmen, wie der Verlauf
des letzten Gefechts zeigt. Zudem hatten die Fürsten im Anfang ihr
Augenmerk auf andere Dinge zu richten als auf den Paß. Es handelte
sich darum, die Schiffbrücke zu gewinnen, die noch mit Energie vom jenseitigen Ufer vertheidigt wurde. Und mitten im Kugelregen soll der
Bauer hinübergefahren sein? Oder um 8 Uhr im Nebel, vor jenem
Gefecht? Von Alba und Moritz gesandt? Aber das widerspricht ja der
Angabe, daß der Kaiser ihn fand. Und wozu jetzt noch dieser Spion-
dienst? Daß der Kurfürst im Lager war, wußte man doch zur Genüge,
wenigstens kam es jetzt überhaupt nur darauf an, die zu fassen, die
drüben waren. Und vor Allem, warum ließ man sich die Furth nicht
gleich zeigen, wenn man den Bauer noch vor dem Gefecht traf? Man
sieht, diese Fabel reicht hin, um die Autorität des Cüstriner Berichts in
das rechte Licht zu stellen. Die Anmerkung, die Ranke, der die Geschichte gleichfalls aufgenommen hat, zu ihm gemacht hat (Ges. W. VI,
214), müßte also gerade umgekehrt lauten. Zum Glück werden alle diese
Erwägungen unnöthig durch die Commentarien selbst, wo der Kaiser
eben die Erklärung giebt, die wir oben vermutheten: „Inzwischen begann
ein Theil des feindlichen Heeres sich ein wenig vom Strome zu ent-
fernen, und so fand der oben erwähnte junge Mensch Zeit, die Furth zu

Ufer erschienen, erhalten wir auch einen Einblick in das Lager von Mühlberg. Der Kurfürst hörte gerade die Sonntagspredigt, als zwei Reiter von der Wache die Meldung brachten, sie hätten drei große Geschwader jenseit des Wassers gesehen und trommeln gehört. Doch konnten sie nicht angeben, ob der Schall von dem jenseitigen oder diesem Ufer herkäme [1]). Mühlpfort, dem wir diese soweit gewiß verläßliche Nachricht verdanken, fügt mit dem bekannten Seitenblick hinzu, Goldacker habe einen Reiter, er meine seinen Diener, weggeschickt, um Erkundigungen einzuziehen. Der sei nach einer kleinen Stunde mit der Meldung zurückgekommen: ja, es wären Reiter zu sehen; wie viele aber, wisse er nicht. Noch sei „über das verzogen" worden. Viel giebt uns der Bericht nicht,

---

zeigen." Und etwas später: „Denn ganz gewiß, hätten sie das Ufer festhalten und den Strom vertheidigen wollen, so hätte man an diesem Tage weder die Furth auffinden noch sie vertreiben können." (S. 160. 161.)
Daß der Führer der Kaiserlichen ein Mühlberger Bürgerssohn, Barthel Strauch oder Strauchmann, gewesen sei, ist der gelehrten Welt durch Opel bekannt gemacht (Neue Mittheil. aus dem Gebiet histor.=antiqu. Forsch. X, 1. S. 238). Leider verdient seine Quelle kaum den Titel „archivalischer Notizen". Denn die Mittheilungen, die ihm Herr Senator Lämmel aus dem Mühlberger Archiv gebracht hat, sind sehr dürftig und für die Beurtheilung der Schlacht werthlos. Nur der „Extract aus des Amts Mühlberg Lösch=Register über jährliche Geldzinsen" verdient Beachtung: 36 Gulden habe Barthel Strauchmann von einem Acker auf kurfürstlichen Befehl erblich erhalten, „darumb daß ehr dem Kaiser fortgewiesen" (so!). Leider ist Alter und Ursprung der Note nicht angegeben. Doch mag dies als ein sicherer Beweis für den Namen des Führers gelten. Auf den Brief Mehligkes vom Jahre 1671 würde ich aber möglichst wenig geben. Er bildet den Hauptinhalt der „Historie" über die Schlacht aus dem Jahre 1747 (Königl. öffentl. Bibliothek in Dresden; Voigt, S. 388). Diese ist von Lämmel ganz aufgenommen, ebenso Baumanns Relation. Für die Angaben über den Anmarsch des Kaisers, das Quartier bei dem Pfarrer Umlauf in Schirmenitz u. a. fehlen die Quellenangaben.

1) „Und hörten etzliche Spiel. Sie wußten aber nicht, ob die Spiel jenseit des Wassers, oder hieher weren." Voigt hat die Stelle mißverstanden (S. 402).

jedenfalls aber die Stunde des Gottesdienstes [1]). Jene erste Meldung kam zu einer Zeit, wo die Kaiserlichen noch weit zurück waren; man mag sagen: um 8 Uhr. Noch eine Stunde später wußte man nichts Gewisses. Danach erst fällt das Geplänkel der 30 Reiter gegen den Vortrab des Feindes.

Eine Frage muß hier ihre Erledigung finden. Wann sank der Nebel, von dessen plötzlichem, glückverheißenden Verschwinden alle Wälschen so erfüllt sind? Voigt sagt: in der „eigentlich entscheidenden" Stunde des Tages, gegen Mittag. Die Quellen sprechen nicht dafür. Eine Zeitangabe hat Niemand, aber sie alle wissen nicht genug zu schildern, wie der Nebel gefallen sei, sobald man den Fluß erreicht, das feindliche Lager vor Augen gehabt habe, so daß der Feind, der den Anmarsch nicht bemerkt hatte, nun mit einem Schlage den Angriff über sich hereinbrechen sah [2]). Etwa um 10 Uhr nehme ich daher das Sinken des Nebels an.

---

[1]) Voigt versetzt die Predigt in den Beginn des Schiffskampfes, als der Nebel fällt, d. i. nach ihm gegen Mittag. Daran fügt er noch die weiteren Zeitangaben Mühlpforts, auch das Frühstück. Von der Predigt weiß auch Avila (S. 63), ihm gleich Faleti unter sonst ganz unsinnigen Angaben über den Kurfürsten. Beide versetzen sie in die Zeit kurz vor dem Übergang: das macht einen guten rhetorischen Effekt. Mit beinahe richtiger Zeitangabe hat die Nachricht von der Predigt auch der Str. Anon.

[2]) Avila spricht von dem Nebel während des Marsches; beim Eintreffen am Fluß sei er gefallen. Hier der bekannte Ausruf über die Elbe (S. 606). Die Commentarien bestimmen den Augenblick sehr genau, am Ende des Frühstücks, zwischen 9 und 10 Uhr. Faleti zählt das Verschwinden des Nebels unter den himmlischen Wundern auf: gegen Mittag, „poi che furono giunti al fiume". Die Erscheinung begeistert ihn zu einer farbenprächtigen Schilderung: „non solo dispari la nebbia ch' era stata insino all' hora oscurissima; et il Sole apparue lustro; ma non ratto come soleua et co' i raggi luminosi, anzi tutto ferruginco et con maggior lentezza faceua il suo corso uerso l'occaso; presagio uero del cadimento de i Sassoni." Auch Goboi und Tentleben bemerkten die blutigrothe Sonne, die das Blut, das fließen sollte, vorher verkündigt habe. Sie behält die Farbe, obgleich der Nebel beim Eintreffen am Flusse sinkt (Goboi, Fol. 43ᵃ; Buchholz a. a. O.,

über das Gefechtsfeld, das jetzt beiden Parteien klar vor Augen lag, können heutige Terrainstudien mit den Schilderungen der Augenzeugen nicht in Einklang kommen¹). Natur und Menschenhand haben das Gesicht der Gegend völlig verändert. Die Elbe, die früher Mühlberg von drei Seiten umflossen haben soll, nimmt jetzt an der Südseite der Stadt, wo sie eine scharfe Einbiegung nach Osten gemacht hat, eine nordwestliche und dann gleich wieder bei Köttlitz eine fast nördliche Richtung, so daß sie dies Dorf rechts läßt. Zur Zeit der Schlacht aber lagen Köttlitz und eine halbe Meile nordwärts Altbelgern auf dem linken Ufer. Der Fluß gieng damals hart an Brottewitz und Martinskirchen vorbei, um zwischen Altbelgern und Stehla, eine halbe Stunde von Cosdorf, durch das die Flucht gieng, wieder die westliche Richtung anzunehmen²). Eine halbe Meile südlich der Stadt, zwei Kilometer östlich von Schirmenitz, wendet sich heute der Strom, der bis dahin von Strehla aus einen großen Bogen nach Osten gegen die Jakobsthaler Höhen beschrieben hat, wieder nördlich, in dieselbe Richtung, die er von Köttlitz aus einschlägt, so daß nur der scharf geschnittene Bogen unmittelbar an der Südseite der Stadt den sonst von Schirmenitz bis Stehla nördlichen

---

S. 419). Übereinstimmend mit den Commentarien giebt Karl den Zeitpunkt am Tage nach der Schlacht an: „la bruyne ... commencoit seulement a sesclaircir", als die spanischen Hakenschützen vorrückten. Ebenso Arras. Die andern Quellen schweigen, auch Lersener, dem es immer nur darauf ankommt, die wesentlichen Momente des Gefechts hervorzuheben.

1) Eine auf Terrainstudien beruhende Zeichnung des Gefechtsfeldes von Schirmenitz bis zur Lochauer Haide hat Herr Oberstlieutenant Pause versucht: „Beiträge zur Geschichte der Schlacht bei Mühlberg am 24. April 1547." 30 S. Mit Karte. Mühlberg, Schneider, 1875. Mir lag noch die Kgl. Sächs. Generalstabskarte vor, Section 3, Oschatz.

2) S. die Karte bei Pause. Die Andeutung des heutigen Elbarms ist dort aber nicht richtig. Ob Altbelgern wirklich auf dem linken Ufer lag? Wenn Georg Dohrn es unter den sonst lauter rechtselbischen Dörfern aufzählt, in die sich die kaiserlichen Reiter nach dem Treffen am Walde gelagert hätten, so spricht das nicht dafür.

Lauf unterbricht. Die Furth ist seitdem weggespült worden; wir kennen ihre Stelle nicht mehr. Überhaupt läßt sich das Lokal des Kampfes um die Brücke und die Furth nur annähernd bestimmen. Eins aber ist festzuhalten: daß die kaiserlichen Truppen noch ein gut Stück über Schirmenitz gegen Mühlberg hin vorgerückt sind, daß also ganz in der Nähe, oberhalb der Stadt, geschlagen worden ist [1]).

Die Stellung des Kurfürsten bei Mühlberg war vortrefflich. Stadt und Schloß hielten seine Truppen besetzt. Jenseit der kleinen Wiese, die zwischen den Mauern und der Elbe lag, der „kleine" oder „des Rathes Haag" [2]) genannt, krönte das schon an sich höhere rechte Ufer noch ein nicht eben langer Damm, der den Schützen Deckung bot und das gegenüberliegende ganz flache Ufer völlig beherrschte. Hinter ihm lag des Kurfürsten Zelt [3]). Die Truppen, die dagegen vom Kaiser vorgezogen wurden, mußten das ebene Feld passiren, das sich von Schirmenitz bis zur Elbe überall hin ausbreitet. Am Flusse bot niedriges, doch dichtes Buschwerk eine dürftige

---

[1]) Avilas und Lerseners Angaben machen das zweifellos. Der letztere sagt: „Bogen keiser, konig, herzog Moriz, buc be Alb und der bolmetsch mit einander die Elb hinab (von Schirmenitz her) bis jegen Molbergt, besahen alle gelegenheit." Avila betont, daß die Stärke der feindlichen Stellung durch die Stadt mit ihren Mauern und dem Schloß bedingt gewesen sei; er meldet geradezu, daß der Feind Stadt und Schloß besetzt gehalten habe (Fol. 61). Panse folgt nur der Strauchmann-Tradition, wenn er die Furth zwischen Auffig und Vorschütz, ¼ Meile oberhalb der Stadt, annimmt. Die Schiffbrücke verlegt er sogar noch weiter, südlich von Lösnig in den großen Bogen unterhalb Strehla, nur weil das Terrain von da bis Mühlberg sumpfig gewesen sei. Der Kaiser hätte von da den weiten Umweg über Fichtenberg und Boragk machen müssen (4—5 Kilometer), um nur nach Mühlberg zu gelangen. Das ist Willkür.

[2]) Jetzt vom Flusse hinweggerissen. Die Mühlberger haben dort lange zum Gedächtniß der Schlacht einen Tisch erhalten, an dem der Kurfürst vor dem Abmarsch getafelt haben soll (Opel a. a. O.).

[3]) Mühlpfort: „Zum andern, so ist ein Damm für meines Gn. Herrn Zelt am Wasser gewest. Doch nicht lang."

Deckung. Die Strömung war nicht stark, doch ebenfalls geeignet, die Vertheidigung zu erleichtern. Der Fluß, sonst überall tief, konnte durch die Furth allerdings passirt werden, aber jetzt sollte der Übergang vor dem Feinde unternommen werden: ihr Grund war günstig, aber die Tiefe so bedeutend, daß, wie Wirsberg meldet, das Wasser einem rechten Schützenpferd bis an den Sattel gieng. Sieben Reiter etwa konnten neben einander hindurchreiten. Dreihundert Schritt waren hier beide Ufer aus einander. Die Schiffbrücke, die der Kaiser bei sich führte, reichte nur bis in die Mitte des Stromes [1]).

Eine solche Position, gut besetzt und kaltblütig vertheidigt, konnte wohl bis zum Abend auch gegen die Übermacht gehalten werden. Ein kleiner Nachtmarsch hätte dann die Armee in den Schutz der Festung Torgau gebracht; in einem Gewaltmarsch konnte man sogar das starke Wittenberg erreichen.

Freilich war das Mißverhältniß zwischen den Kräften der Gegner groß. Die Angaben über die Zahl der sächsischen Truppen sind sehr schwankend. Während Creutz nur von 10 Fähnlein Knechte, die nicht 3000 Mann stark gewesen seien, und von 6 Geschwadern Reiter, „in warheyt" nicht 1000 Pferde, wissen will, geben die Commentarien die feindliche Cavallerie der kaiserlichen gleich stark und Godoi das Fußvolk auf 10000 Mann an [2]). Die Zahl der Geschützstücke erfahren

---

1) Dies die Zeichnung Avilas, die durch Einzelangaben anderer Quellen nur bestätigt wird. Faleti, der ihm sonst ganz ähnlich ist, spricht noch von einigen Häuschen und einem Walde auf oder an dem Damm, der zehn Fuß hoch gewesen sei (S. 246).

2) Vgl. Voigt, S. 399. Avila nennt 6000 altgediente Knechte und zuerst ungefähr 3000 (Fol. 60[b]), später genauer 9 Geschwader mit 2600 Pferden, dazu 80 bis 90 bei der Leibgarde. Die Commentarien berechnen das Fußvolk, wie Avila. Godoi giebt 3500 Pferde an. Er legt seine Aussagen den drei Gefangenen in den Mund, die die spanischen Pläntler am 22sten vor Meißen ergriffen hatten (Fol. 43[a]). Faleti zählt 5000 Fußtruppen und 2500 Pferde (S. 261). Guzman spricht von 3000 Pferden und 5000 zu Fuß (Fol. 182[b]). Nach einer Angabe

wir nur aus Avila: einundzwanzig. Sie fielen alle dem Kaiser zur Beute. Das war das Heer, mit dem sich der Kurfürst von einem wohl sechsmal stärkeren Feind überraschen ließ. Sein Oberst Thumshirn irrte mit 4000 Mann und etwa 600 Reitern an der böhmischen Grenze umher. Zwischen beiden Heerhaufen stand jetzt der übermächtige Gegner. Vierzehn Fähnlein Fußvolk waren von diesem in den kleinen Plätzen ohne einen Schwertschlag aufgehoben. Torgau, Wittenberg, Gotha, Halle, Heldrungen hatten mit ihren starken Besatzungen das Hauptheer absorbirt. Vereinigt hätten diese Abtheilungen ein Heer gegeben, mit dem der Kurfürst dem Gegner vielleicht im Felde die Spitze hätte bieten können: isolirt konnten sie dem Schicksal nicht entgehen, dem die kleinen Plätze bisher alle erlegen waren.

Was konnte man überhaupt nach solchen strategischen Dispositionen noch von der taktischen Führung erwarten?

Johann Friedrich scheint das Phlegma, das er den ersten Meldungen von dem drohenden Ungewitter entgegengesetzt hatte, noch in dem Momente bewahrt zu haben, als sich schon die ersten Schläge desselben entluden. Nachdem er in der Sonntagspredigt dem Bedürfniß seines Herzens in gewohnter Weise genügt hatte, glaubte er auch dem daran nicht minder gewöhnten Körper eine kleine Stärkung gewähren zu müssen. Während die feindlichen Schützen sich schon überall am feindlichen Ufer zeigten, nahm er in seinem Zelte hinter dem Damm voll Gottvertrauen und Gemüthsruhe noch eine Mahlzeit ein. Es wird das etwas später gewesen sein, als sein Vetter in Schirmenitz frühstückte [1]). Noch mochte der

---

Lerseners (S. 31) waren es nicht über 5000 zu Roß und Fuß. Sibottendorf meldet übereinstimmend mit Creutz, es seien zehn Fähnlein zu Fuß und sechs oder sieben zu Pferde gewesen.

1) Mühlpfort, der dies erzählt, will bei dieser Gelegenheit wieder der einzige gewesen sein, der den Verräthern gegenüber das Herz auf dem richtigen Fleck gehabt habe. Er will den Feldhauptleuten angezeigt haben, wie die Feinde weiter unten, wo der Damm aufhörte, gegenüber dem kurfürstlichen Zelt eine Schanze aufwürfen und in Massen sich überall

Nebel die Fluren decken; aber unmittelbar darauf muß die Sonne hindurchgebrochen sein, und nun, wo sich auf dem freien Felde die Tausende entwickelten, wird endlich selbst Johann Friedrich aus seinem unerschütterlichen Phlegma aufgeschreckt worden sein [1]).

Leider können wir uns über die Maßnahmen, die er im Angesichte des Feindes ergriff, nur durch die Angaben seiner Gegner und durch Rückschlüsse aus den Unternehmungen, die diese jetzt ins Werk setzten, unterrichten. Um so vollständiger ist das Bild, welches wir aus den Schilderungen der letzteren von ihrem Angriffe auf die feindliche Stellung zusammensetzen können.

Es ist eins der erfreulichsten Ergebnisse von dem Funde des Lersenerschen Briefes, daß uns seine knappen Angaben die ausführliche Darstellung Avilas fast überall bestätigen: eine Beobachtung, welche die Autorität beider in den sachlichen Angaben gewährleisten muß. Karls Erzählung in den Commentarien ist weit kürzer als die seines Freundes, aber die Hauptmomente treten ganz ebenso hervor. Ihnen gleicht darin der Str. Anon.: knapp, klar, und fast nirgends unrichtig fügt er die einzelnen Momente aneinander. Auch Godoi werden wir in den Hauptpunkten damit vereinigen können. Die Übereinstimmung und Ergänzung dieser Berichterstatter, zu denen vor andern noch Arras, K.-M. und

---

sehen ließen. Auch habe er verlangt, drei oder vier Falkonettlein herbeizuschaffen, um ihnen den Übergang zu wehren. Doch hörte man auf den getreuen Eckart nicht. „Daraus dann zu vermerken, das die Feinde wol gewust haben, wo mein Gnädigster Herr gelegen." Von dem Aufwerfen einer Schanze erzählt kein kaiserlicher Bericht. Von Avila könnte man es wohl erwarten. Gleich darauf ist vielleicht von den Kurfürstlichen Artillerie verwendet worden. Setzt Mühlpfort das Frühstück doch nicht etwas zu spät?

1) Der Verfasser der Historie der Schlacht von 1747 bemerkt, daß zwischen dem Aussiger Busch, wo er das Gefecht annimmt, und Mühlberg kein Mann gehen oder liegen könnte, der nicht vom Schloß aus gesehen werde. Jeden Pistolenschuß müsse man hier hören.

Guzman kommen, lassen über die Hauptmomente des Gefechtes an der Elbe keinen Zweifel.

Zwei Abschnitte müssen wir in ihm unterscheiden: den Kampf um die Böte und den um die Furth. An dem ersten nahmen von kaiserlicher Seite die Hakenschützen und Artillerie Theil; den zweiten führte unter dem Schutze ihres Feuers leichte Cavallerie aus. Das Schwergewicht fällt auf die erste Phase: noch leistet der Feind lebhaften Widerstand; mit grobem oder jedenfalls mit kleinem Geschütz sucht er dem feindlichen Feuer zu begegnen; auch Cavallerie schickt er schon vor; der Höhe- und Wendepunkt ist die Eroberung seiner Böte. Sobald diese verloren, muß auch die Elbposition preisgegeben werden. Das Gefecht an der Furth ist ein letzter Versuch, den Rückzug zu decken.

Während die Fürstlichkeiten in Schirmenitz weilten, bereitete man den Angriff vor. Gegen Torgau, das kaum drei Meilen entfernt war, wurden Leichtberittene, hauptsächlich Ungarn und Hakenschützen, entsandt, um die Festung zu beobachten [1]): recht bezeichnend für die Umsicht der kaiserlichen Kriegführung, die jeder Eventualität zu begegnen suchte. Doch ward nicht versäumt, sogleich auch den Feind in der Front zu fassen. Indem die Hauptmasse des Heeres, die deutschen Regimenter, und Anfangs auch die Cavallerie, es scheint zwischen Schirmenitz und dem Strom nach Aussig zu, in Reserve halten blieben [2]),

---

1) So Karl in den Commentarien (S. 160). Avila, der zweimal die Absendung dieses Beobachtungsgeschwaders erwähnt, scheint sie etwas früher anzusetzen, vielleicht richtiger, so daß der Befehl schon auf dem Marsch gegen die Elbe gegeben wäre.

2) Lersener: „Kei. mt. ließ gebieten, iberman solte halten pleiben. Zogen keiser, konig ... hinab etc." Man konnte am Fluß nur ein Feuer- oder Cavalleriegefecht führen. Die Hallebardiere hätten sich in der ungedeckten Position unnütz ausgesetzt. Faleti, dessen Angaben hier vertrauenerweckender als sonst sind, bemerkt, daß hinter den Hakenschützen am Ufer noch die Geharnischten (gli armati di corsaletto) mit sechs

giengen an tausend spanische Hakenschützen gegen die Stadt vor [1]). Sie mußten bis zum Fluß das freie Feld überschreiten [2]); doch wird ihnen noch der Nebel, der erst jetzt zu sinken begann, Sicherheit gewährt haben [3]).

Mit ihnen oder schon etwas vorher wurden sechs Stücke Geschütz voran geschickt [4]). Es gelang dem kaiserlichen Zeugmeister, sie gut gedeckt bis in das Ufergebüsch zu bringen [5]). Auch die Hakenschützen kamen, vielleicht noch von dem Nebel geschützt, ungefährdet an das Wasser [6]). Während die einen sich hinter den Weiden postirten, stürzten sich Viele in den Strom selbst, wie vorhin die Reiter, und sofort ward ein heftiges Feuer auf das andere Ufer und die Böte eröffnet [7]).

Stück Geschütz gestanden hätten, eine gute Strecke dahinter aber (al quanto piu a dietro) die deutschen Regimenter in zwei Treffen (squadroni) in quel piano chera di DC passi tra il fiume et Serfemecero (zwischen Schirmenitz, Aussig und Pausnitz). Hier mag Faleti selbst gewesen sein. Das allmähliche Vorrücken der einzelnen Heeresabtheilungen, Geschütz, Hakenschützen, Pontons, Cavallerie, wird am besten von Avila präcisirt.

1) Das Faktum bei Avila, Commentarien, Lersener, Goboi, Arras, K.=M., Guzman, Faleti, Str. Anon. Avila sagt 800 oder 1000 (Fol. 61ᵇ), Goboi rechnet im Ganzen 2000 heraus (Fol. 43ᵇ), Guzman spricht nur einmal von 1000 (Fol. 181ᵇ), Lersener greift zu hoch: 4000 im Ganzen.

2) Avila, Fol. 62ᵃ.

3) Commentarien, S. 159; K.=M.

4) Avila (Fol. 61ᵇ) und Lersener stellen die Absendung der Artillerie voran, besonders deutlich der letztere. Das Faktum auch bei Arras, K.=M., Goboi (Fol. 43ᵇ), Faleti (S. 246). Der letzte und Lersener geben übereinstimmend die Zahl an, während Avila sie nicht erwähnt; ein Beweis, daß hier Faleti eine gute Originalnotiz hat.

5) Lersener: „Indes furet des teisers zeuglmeister verborgen 6 stugt feltgeschuz jegen Molbergk in die weiden."

6) Denn erst später sind einige wenige gefallen. Voigt läßt die Kaiserlichen während des Nebels in aller Ruhe ihre Position einnehmen (S. 402): gegen Avila.

7) Avila, Fol. 61ᵃ. Lersener.

Denn jetzt endlich hatten sich die Gegner aus ihrer Lethargie herausgerissen. Die eine Gefahr hatten sie doch sofort begriffen: ihre Schiffbrücke mußte in Sicherheit gebracht oder vernichtet werden [1]). Schon hatten sie das eine versucht; sie hatten die Böte, die noch zusammengekoppelt und (fast scheint es so) bis dahin über den Fluß gespannt waren [2]), in drei Theile zerrissen [3]); Arkebusiere waren hineingesprungen; jetzt suchten sie mit ihnen den Fluß hinab zu treiben. In dem Moment kamen die spanischen Schützen. Eben um die Böte aufzuhalten, giengen Viele in das Wasser selbst vor, bis an die Brust, um die Feinde, die in den Kähnen ihre Waffen nicht gebrauchen konnten, aus nächster Nähe wegzuschießen [4]). Es waren lauter Spanier, Kerntruppen des Kaisers. Ihre Kühnheit verdoppelte sich, da sie unter den Augen ihres Monarchen kämpften. Denn schon waren die Fürsten am Ufer. Auf dem Felde hinter Schirmenitz, nachdem er das Dorf verlassen, hatte Karl seine Spanier getroffen. Mit ihnen zugleich erschien er vor dem Feinde [5]); unter seinen Augen erfolgte jener erste Anprall; und wenn die Spanier in dem ganzen Gefecht eine wahrhaft glänzende Bravour entfalteten, so hat sie hierin gewiß nicht wenig die Gegenwart und das Beispiel ihres Kaisers angefeuert, der bis zum Übergang über den Strom, wie sie, im Feuer ausgeharrt hat [6]).

1) Der Versuch, die Schiffe stromabwärts zu führen, der gleich in den Anfang fällt, beweist, daß man sofort selbst an den Abzug dachte.

2) Arras sagt bestimmt (S. 264): „la partie du pont qu'estoit de ce coustel fut tost recouverte". Allerdings entspricht das nicht den andern Berichten.

3) Die Zertrennung in drei Theile, Brückenglieder, bezeugen K.-M., Avila, Fol. 62ᵇ, Faleti, der sie auf 35 Böte angiebt.

4) Der Moment wird von Avila bestimmt so angegeben.

5) Avila, Fol. 62ᵃ. Commentarien, S. 160.

6) Wenn irgend etwas außer Frage steht, so ist es die Gegenwart des Kaisers an der Elbe, seitdem er Schirmenitz verlassen. Keine Quelle sagt das Gegentheil. Guzman hebt ausdrücklich die Kaltblütigkeit Karls hervor: „L'Imperatore confino mille archibusieri Spagnuoli poco piu (che in vn tratto fece chiamare) et la persona sua, et del Duca d'Alba

Wie lebhaft auch die Feinde das Feuer aufnehmen mochten — ihre sämmtlichen Hakenschützen hatten sich am Ufer ausgebreitet, um die Bewegung der Böte zu decken [1]) — so führten sie doch schon jetzt den Kampf nur als ein Rückzugsgefecht. Das beweist vor Allem die geringe Verwendung ihrer Artillerie. Wenn der Kurfürst an ein energisches Festhalten des Ufers gedacht hätte, so würden wir mehr von der Wirkung seiner 21 Kanonen hören. Statt dessen hat er höchstens einige Stücke in Position bringen lassen [2]). Die Mehrzahl, möglicher-

---

dinanzi di essi, all orro (orlo) dell' acqua in luogo, dove certo io non mi baveria osato metter, ne manco altri piu valente, percioche io era per molto piu indietro, et non con poca paura, combatte si fortemente" etc. Man kann vielleicht vermuthen, daß er nicht gerade überall an den gefährdetsten Stellen gewesen ist; aber daß er an der Elbe bei den Kämpfenden gleich im Anfang war und blieb, setzen alle Berichte, die überhaupt in Frage kommen, voraus, die Commentarien, Lersener, Avila, Str. Anon. u. a. Voigt läßt die Majestäten und Moritz von dem Recognoscirungsritt, auf dem sie „bei Aussig" Barthel Strauch getroffen, nach Schirmenitz zurückkehren und im Hause des Pfarrers Umlauf ein Frühstück einnehmen. Er verbindet dadurch die so bestimmte Angabe des Avila über jenes Dorf mit einer Notiz in dem Opelschen Aufsatz, wonach Karl nach der Schlacht in der Pfarre zu Schirmenitz Quartier genommen und mit dem Pastor Matthäus Umlauf lateinische Conversation getrieben haben soll. Von hier aus, erzählt er, seien der Kaiser und der König um 11 Uhr an den Fluß gekommen: er will damit, im Widerspruch mit jenen Hauptquellen, die Angabe seines „officiellen" deutschen Berichtes retten. Dort steht aber: Karl und Ferdinand seien „vngeuerlich vmb ain vr auf dem halben zeger nachmitag", nicht an die Elbe, sondern „in das selbleger bey ainem dorf, Schiermitz genannt, khumen".

1) Avila, Fol. 62ᵃ. Nach Mocenigo, S. 122, freilich hat der Kurfürst in der Gefangenschaft ausgesagt, nicht mehr als 200 seiner Hakenschützen hätten am Ufer gestanden. Das erscheint schwer glaublich, er müßte denn überhaupt nicht mehr gehabt haben. Vgl. Voigt, S. 404, 1.

2) Avila bemerkt nichts von der Verwendung der feindlichen Artillerie. Wenn Mühlpfort sagt, er habe gerathen, einige Stücke herbeizuschaffen, so folgt wohl auch daraus, daß es zum mindesten im Anfang nicht geschehen ist. Dann aber zog das Geschütz sehr bald ganz ab, wie auch Lersener allein berichtet. Karl in dem Brief an Maria,

weise alle, und mit ihnen der ganze Troß, setzten sich schon in der ersten Stunde des Gefechts, gleich im Anfang, in Marsch. Von dem feindlichen Ufer konnte man die Unruhe beobachten, die das Lager der Sachsen ergriffen hatte, wie sie die Zelte zusammenrollten, zu den Pferden eilten und sich in Marschordnung setzten [1]). Mit dem Gepäck und der Artillerie oder ein wenig später rückten auch die Hallebardiere und ein Theil der Reiterei davon [2]). Ob der Kurfürst schon mitgezogen oder noch am Ufer geblieben ist, läßt sich nicht mit Sicherheit sagen.

Es wird kein voreiliges Urtheil sein, wenn wir dies als halbe Maßregeln bezeichnen, als neue Belege für die Zerfahrenheit und Kopflosigkeit in der Führung des kurfürstlichen Heeres. Die Voraussendung des Trosses und der Hallebardiere läßt sich rechtfertigen: auf einen Kampf mit der blanken Waffe konnte sich diese Handvoll Truppen nicht einlassen. Aber eine Defensivposition, wie die von Mühlberg, der besten Waffe, einer zahlreichen Artillerie berauben kann nicht anders als ein schwerer Fehler bezeichnet werden.

Die Verwirrung und Muthlosigkeit, die sich des ganzen Heeres, seitdem die Größe der Gefahr offenbar geworden, bemächtigt hatte, spiegelt der Verlauf des Flußkampfes in den Schilderungen von der kaiserlichen Seite aufs lebhafteste wider. Trotz ihrer ungedeckten Stellung hatten die spanischen Haken-

spricht von der großen Artillerie des Feindes, aber nur von „plusieurs coups", die seine Geschütze sofort zum Schweigen gebracht hätten; Arras von „trois coups". Beide setzen die Ankunft der kaiserlichen Geschütze etwas zu spät.

1) Commentarien, S. 159. Voigt entlehnt (S. 404), um die Verwirrung bei dem Abzuge zu zeichnen, einige Züge der romanhaften Schilderung Faletis (S. 252 f.).

2) Der Moment des Abmarsches läßt sich nicht genau bestimmen. Doch kommen die besten Quellen darin überein, ihn in die erste Stunde des Gefechts zu setzen; wohl gleich nach der Eröffnung des Kampfes. Der Str. Anon. läßt Troß und Geschütz zuerst, gleich darauf das Fußvolk und einen Theil der Reiter abziehen. Der Kurfürst sei mit dem Rest der Cavallerie zur Deckung des Rückzuges noch eine Zeit lang am Ufer geblieben.

schützen in kurzem die Oberhand. Sobald aber der Kaiser und seine Offiziere bemerkten, wie das feindliche Feuer matter wurde, beschlossen sie, den Stoß zu verdoppeln. Arze, General-Quartiermeister (maestro de campo) der Truppen in der Lombardei, führte andere 1000 Arkebusiere vor¹). Es kämpften bisher nur Spanier gegen Deutsche. Das Gefecht wurde nun so lebhaft, daß das Schützenfeuer auf beiden Seiten wie Salven klang²). Die Sachsen wurden bald genöthigt, von dem Versuch, die Brücke zu retten, abzustehen. Wer es konnte, flüchtete sich ans Ufer. Man warf Stroh in die Böte und zündete sie an. Der Rauch schlug hoch auf³), aber das nasse Holz mochte wohl nicht brennen, genug, auch dieser Versuch, die Schiffe den Feinden zu entreißen, schlug fehl. Manch einer blieb zurück: die einen von den Kugeln niedergestreckt; andere fürchteten die sicher treffenden Geschosse der nahen Feinde; sie legten sich platt auf den Grund der Böte nieder. Mittlerweile war die kaiserliche Schiffbrücke am Ufer angelangt. Aber sogleich zeigte sich, daß sie den Fluß nicht überspannen werde⁴). So galt es, die feindliche zu er-

---

1) Avila, Fol. 62ᵃ. Vgl. Lersener.
2) „Que de vna parte y de otra parescian saluas las arcabuzerias." Male übersetzt die Worte so: „Horum adventu tantum pugnae studium exarsit, ut quum scaphis relictis praecipites se illi fugae mandarent, ludicras et festivas tormentorum emissiones dixisses, quales in solenni principum ingressu laeti populi applausu fieri consuerunt." Ganz lebhaft schildert Guzman den Moment: „cosi il grido delle voci, come il strepito dell' artigliaria et archibuseria, come le balle et ballote, et la polvere, che levavano quelle, che non giongevano le persone, sino in terra dell' una et l'altra parte, che pareva che fusse il giorno del giudicio per la paura, rumore, danni, fumo, fuoco et acqua et mortalità d'huomini, che cadevano et si levavano" (Fol. 181ᵇ).
3) Guzman, Fol. 181ᵇ: „gli messero fuoco, et con questa fiamma (benche penso, che era piu la divina, come successe)" etc.
4) Den Zeitpunkt giebt Avila an, Fol. 62ᵇ. Ähnlich Goboi, Fol. 43ᵇ. Mocenigo rechnet die Zahl der kaiserlichen Böte auf 36, während 60 nöthig gewesen seien. In demselben Athem spricht er aber nur von einer Flußbreite von 80 Schritt. Vgl. Voigt, S. 401.

langen. Und nun ward von einigen der Kaiserlichen eine Heldenthat ausgeführt, die, wie sie fast alle Berichte rühmend erzählen, in der That der höchsten Bewunderung werth ist. Zehn bis zwölf Spanier — die Angaben schwanken — entschlossen sich zu einer Schwimmfahrt gegen die feindlichen Brückenglieder. Eins derselben war weiter oberhalb fast ungeschützt zurückgeblieben, die beiden andern waren eine Strecke abwärts getrieben. Gegen diese richteten die Tapfern ihren tollkühnen Versuch. Es waren Hakenschützen, die ihre Kleider abwarfen und, den Degen zwischen den Zähnen, in das tiefe Wasser sprangen, und drei spanische Reiter, diese in voller Rüstung. Unterdessen begannen die Gegner — und nur dadurch ward das Bravourstück möglich — das Ufer zu verlassen, doch setzten noch Viele die Vertheidigung fort. Die in den Böten lagen, wagten aber auch jetzt kaum, die Köpfe über Bord zu heben, so dicht war der Kugelregen, der über sie wegfegte. Das Wagestück gelang. Nur einer von den Reitern ertrank. Die andern erbeuteten die Schiffe; von der Besatzung tödteten sie einige, andern gelang es noch zu entkommen [1]).

Damit war der Tag entschieden. Nach Eroberung der Böte, sagt Avila, sei den Feinden der Muth völlig gesunken. In der That konnten sie, der Artillerie durch sich selbst, der Schiffbrücke durch die Feinde beraubt, nicht mehr hoffen, diesen noch lange den Übergang zu wehren. Auch die Hakenschützen zogen jetzt dem Haupttrupp nach. Um ihren Abmarsch zu decken, gieng Cavallerie vor, drei Geschwader, jedenfalls berittene Schützen, denn bei Lanzenreitern wäre diese Maßregel gar

---

1) Ich erzähle nach Avila, Fol. 62ᵇ. Daß einige entkommen seien, sagt K.=M., Avila nicht. Es ist doch sehr wahrscheinlich. Kaum einer der Berichterstatter läßt sich die interessante Episode entgehen. Lersener und der Str. Anon. sagen nur, daß man den Feinden die Schiffe abgenommen habe. Die Erzählungen lauten bei kleinen Abweichungen ziemlich überein. Ich stehe nicht dafür, daß Avila unbedingt Recht hat, anschaulich ist er aber. Ein Conglomeriren würde nichts nützen.

nicht zu begreifen. Das wohlgezielte Feuer der spanischen Arkebusiere zwang sie im Moment zur Umkehr ¹).

Schon vorher war von Alba an die Reiterei der Befehl zum Vorrücken geschickt worden ²). An dem feindlichen Ufer ließ sich kein Hakenschütze mehr sehen ³). So fand man Zeit, die Furth aufzusuchen und ihre Gangbarkeit zu erproben. Einige konnten indeß die Ergründung gar nicht abwarten. Indem sie es den Kameraden, die die Böte erobert hatten, nachthun wollten, stürzten sich etwa 18 Reiter voran in den Fluß, den sie theilweise noch durchschwimmen mußten, Spanier und Husaren. Von jenen ertrank einer, die andern kamen glücklich an das feindliche Ufer, auf dem sie bis zur Stadt hin keinen Feind mehr erblickten ⁴). Die frohe Meldung trieb

---

1) Dies Vorschicken der sächsischen Cavallerie noch vor dem Furth=
kampf haben allein K.=M. und Arras, beide aber sehr bestimmt; und es ist wohl denkbar. Voigt giebt es auch an (S. 405), aber im Widerspruch mit den Quellen vor der Eroberung der Schiffe, wo es doch gar keinen Sinn haben würde. Man kann die Anordnung nur so ver=
stehen, daß die Reiter die Hakenschützen zu Fuß nach deren Abzug im Feuern ablösen sollten, und daher müssen es berittene Schützen gewesen sein.

2) Goboi, Fol. 43ᵇ: „il Duca mandò a dimandare cavalli". Dann erst die Eroberung der Schiffe. Nach seiner und Avilas Erzählung müssen wir annehmen, daß die spanischen Reiter, auch wohl die Husaren, zur Zeit des Wagestückes schon da waren. Die Reihenfolge, in der die Ca=
vallerie vorrückte, war jedenfalls die alte Marschordnung.

3) Str. Anon., S. 44. Avila, Fol. 63ᵃ. Auch Lerseuer be=
stätigt, daß zur Zeit des Furthkampfes kein sächsischer Infanterist mehr zu sehen war.

4) Damit beginnt der Furthkampf. Voigt hat beide Abschnitte des Gefechts durch einander geworfen. Er reducirt die Episode überhaupt nur auf den Versuch weniger Reiter in der ersten Stunde des Gefechtes, vor der Auffindung des Passes (S. 405 f.). Die Trennung beider Phasen ist aber von den besten Quellen auf das bestimmteste markirt: Arras, S. 264; K.=M., S. 562; Commentarien, S. 161 („nach einem doppelten gegenseitigen Abfeuern"); Avila, Fol. 63ᵇ; Goboi, Fol. 44ᵈ; Crentz, Gremp, vor Allen durch Lerseuer und den Str. Anon. Weshalb Avila hier so kurz und flüchtig erzählt, ist oben bemerkt wor=
den (S. 83). Faleti setzt das Gefecht, das er breit ausmalt (S. 246), viel zu früh, vor die Eröffnung des Feuergefechts. Voigt hat ihm

auch die andern, den nassen Weg, der schon gangbarer wurde, zu versuchen. Während Alba die Meldung von der glücklichen Entdeckung an den Kaiser zurückbrachte[1]), gieng Horváthy mit seinen Husaren durch die Furth, mit ihm die Spanier, vielleicht auch schon deutsche Reiter[2]), denn wir werden annehmen dürfen, daß mittlerweile die gesammte Cavallerie auf den Kampfplatz vorgezogen war[3]). Etwa hundert mochten auf das rechte Ufer gelangt sein und begannen schon sich nach allen Seiten zu vertheilen[4]), als sie einen unerwarteten Empfang erhielten. Die kurfürstlichen Schützenreiter, welche vorhin durch das spanische Hakenfeuer geworfen waren, hatten sich dem abmarschierenden Heere doch noch nicht angeschlossen. Durch die Stadt gedeckt, hatten sie den Übergang der kleinen feindlichen Abtheilung gesehen. Jetzt stürzten sie sich über die Wiese her auf die überraschten Gegner, und es gelang ihnen, die Minderzahl das steile Ufer hinab ins Wasser zu drängen[5]). Hier blieben die Kaiserlichen halten, aufs beste von den Arkebusieren, die wieder bis an die Brust im Flusse standen, unterstützt[6]). Dem heftigen Feuer und der immer drohender sich entwickelnden

---

einige Züge entnommen (S. 405): gerade aber die Theilnahme der schwerberittenen Neapolitaner an dem Vorhutsscharmützel ist zurückzuweisen. Daß die ersten Reiter hinüberſetzten, während der schmale Pfad noch nicht ganz sicher ergründet war, heben Arras und K.-M. hervor: 18 Spanier und Husaren seien es gewesen, leichte Truppen. Beide berichten auch parteiisch. Arras übertreibt, K.-M. reducirt etwas. Den weitern Verlauf deuten sie nur mit der Bemerkung an, man habe die Gegner in die Flucht gejagt. Ich folge aber Lerſener und dem so bestimmt erzählenden Str. Anon., zwei ganz unparteiischen Gewährsmännern.

1) Avila, Fol. 62ᵇ (ſ. o. S. 106). Guzman, Fol. 182ᵃ. Ich denke, so ist der Zeitpunkt der Meldung richtig angegeben.

2) Godoi, Fol. 44ᵃ. Daß deutsche Reiter schon mitgiengen, behauptet der Str. Anon., S. 44.

3) Avila, Fol. 63ᵃ: „Venida toda la cavalleria ala ribera del rio."

4) Str. Anon.

5) Derſ. u. Lerſener.

6) Avila, Fol. 63ᵇ. Lerſener: „das schuzenfenlin, so in der Elbe hielte."

Übermacht entgegen vermochten aber die kurfürstlichen Reiter nicht lange am Flusse standzuhalten. Sie gaben die Furth preis und zogen sich vor den nachdrängenden Feinden, fortwährend scharmützelnd, hinter die Stadt zurück, ihrem Hauptcorps nach¹). Bald war zwischen dem Wasser und Mühlberg kein Feind mehr zu sehen. Der Elbübergang war gewonnen.

In diesem Scharmützel hatten die Kaiserlichen zwei Reisige gefangen und mit sich über den Fluß zurückgebracht, davon einer der Reitschmidt Herzogs Ernst von Braunschweig war²). Diese bestätigten vor dem Kaiser, daß der Kurfürst in Person bei seinem Heere sei und nicht über 5000 Mann zu Roß und Fuß bei sich habe³). Solche Meldung und der Augenschein des Abzuges der Feinde, nach den Commentarien auch die nochmalige Recognoscirung eines höheren Offiziers am jenseitigen Ufer, der die Gegner schon eine kleine Meile entfernt sah⁴), bestimmten den Kaiser endlich, die ängstliche Vorsicht aufzugeben, mit der er bis dahin dem Drängen seiner Umgebung, den Feind mit der Reiterei zu verfolgen, widerstanden hatte. In diesen Moment muß der Wortwechsel zwischen ihm und Alba gesetzt werden, den Guzman gehört haben will, und den wir ihm, da er der Situation nicht widerspricht, nacherzählen dürfen⁵). Alba war es danach, der entgegen seinen früheren Bedenken jetzt zur hitzigen Verfolgung trieb. Er bat den Kaiser, ihn mit der Cavallerie, die Hakenschützen hinter den Reitern drauf, durch die Elbe reiten zu lassen, während er selbst die Brücke schlagen lasse. Der Herzog wollte,

---

1) Str. Anon.
2) Das Faktum bei Creutz, dem sächs. Anon., Baumann (Zusatz zur Quelle), kais. Anon., Lersener. Die drei ersten nennen den Schmidt. Creutz beruft sich auf Lersener. Außer dem kaiserlichen Anon. melden Alle das Faktum bei dem Scharmützel an der Furth. Voigt, der es aufgenommen hat, setzt es früher, mitten in den Kugelregen des heftigsten Schiffskampfes (S. 405).
3) Lersener.
4) Commentarien, S. 162.
5) Fol. 182ᵃ.

wie auch aus seinen späteren Worten hervorgeht, die Person des Monarchen nicht aussetzen. Der aber, erzählt unser Gewährsmann, habe geantwortet: „Herzog, nicht Ihr habt jetzt an den Übergang zu denken, sondern die leichten Reiter, um die Feinde auszukundschaften, die im Rückzuge begriffen zu sein scheinen, da ich nur noch wenige sehe." [1]

So zogen Don Antonio von Toledo mit den spanischen und der Fürst von Sulmona mit den italienischen Leichtberittenen durch die Furth; hinter ihnen wohl gleich die Husaren [2]. Alba aber gab sich nicht zufrieden; von neuem bestürmte er Se. Majestät, ihn durch die Furth voranziehen zu lassen. Karl merkte wohl, was der Herzog eigentlich wollte, und gab es ihm lachend und mit Humor in folgender Weise zu verstehen: „Don Pietro della Cuiva", so antwortete er, „habe ihm einmal erzählt — doch halte er es für gelogen —, wie einst der Admiral von Castilien als Generalkapitän von Spanien vor einem Gefecht ihn angeredet habe: geht doch mal voran und seht, was da los ist, denn es ist der erste Krieg, in dem ich mich befinde." Und dabei ahmte der Kaiser, indem er so leise sprach, daß Guzman, der ganz in der Nähe hielt, es nur mit Mühe hörte, die Stimme des Admirals nach. Alba sagte jetzt gerade heraus, was er wollte: Majestät möge ihn voranreiten lassen und thun, warum er sie gebeten habe, nur über die Brücke und in der Nachhut den Fluß zu passiren; sie würde sich, meinte er, nur unnütz naß machen und die Ordnung stören. Der Kaiser gab dem Herzog den

---

1) In den Commentarien legt sich Karl die Worte in den Mund: er habe die Armee nicht so weit geführt, um sich einen Schimpf zuzuziehen, sondern er erwarte vielmehr durch die Gnade Gottes, die Ehre des Sieges zu erringen. Daß der Kaiser Bedenken gehabt, den Fluß zu überschreiten, erzählt auch Lersener, der jetzt ganz in der Nähe war (s. die Aussage von Crentz). Nach dem sächs. Anon. hat auch Moritz den Kaiser gebeten, ihn ziehen zu lassen. Das ist wahrscheinlich.

2) Guzman und Lersener kommen überein, daß die leichte Caballerie zuerst den Fluß durchritten hätte, und etwas später erst die andere Caballerie.

eigenen Wunsch nach: „Geht mit Gott", sagte er ihm. Selbst in der Nachhut zu bleiben, war er aber nicht gesonnen.

Der Vorhut folgten die andern Geschwader durch den Strom[1]). Voran Alba mit den neapolitanischen Kürassieren, gleich hinter ihm Herzog Moritz, zunächst nur mit seinen Hakenschützen oder einem Theil derselben[2]). Da war es, wo Moritz an der Furth vor dem Überzuge triumphirend zu dem hessischen Gesandten sagte: „Lersener, ich hoff, wir wollen heut dem Kriege ein Loch machen." „Ja", sagte der, „als mich der Handel ansieht." Aber ihm lag nur seines Herrn Sache am Herzen: „Bate abermal, sein f. g. wolte doch E. f. g. sach nicht vergessen, dieselb zum ende bringen, dan es wurde nunmehr hohe zeit sein. Sagt sein f. g.: ja, Lerssener, ich wils nicht vergessen, du solt kein zweifel haben." So setzten beide neben einander durch das Wasser.

Es kamen die Böhmen und die österreichischen Fürsten mit ihren Leibwachen, zuletzt der Kaiser mit seinem Gefolge und der eigenen Garde[3]). Prächtig weiß Avila seinen kaiserlichen

---

1) Die Reihenfolge geben die besten Quellen gleich: es ist die Marschordnung vom Morgen. Voigt stellt Moritz zuletzt (S. 408). Die Neapolitaner commandirte nicht Sulmona.

2) Goboi bemerkt ausdrücklich, daß Moritz nur „con alcuni de suoi archibusieri" gleich hinter den Husaren geritten sei, danach erst der Duca (Alba) mit dem Kern des Vordertreffens; und ebenso zählt er später zu den Truppen, mit denen Alba hinter Lannoy und Moritz zieht, auch die „huomini (d'arme?) di Mauritio". Wir werden ihm folgen dürfen, da auch Creutz bei genauer Aufzählung der verfolgenden Geschwader an vierter Stelle nur „hertzog Moritz mit seinem hofgesinde" nennt und Avila bei dem Angriff Moritz mit seinen Hakenschützen und seine Lanzenreiter genau aus einander hält (Fol. 66b). Endlich sagt auch der Str. Anon. nur, Moritz habe mit seinen Schützen persönlich angegriffen (S. 46). Der militärische Sinn des Befehls ist klar: die Schützen gehören nach vorn, die Lanzenreiter in das Hintertreffen zum Hauptstoß. Übrigens ein Beweis, wie gut sich Goboi und Avila combiniren lassen.

3) Voigt folgt in der Zahlangabe der überrückenden Reiter K.-M.: erst 4000 in einer halben Stunde, dann die Majestäten mit ihren Geschwadern (S. 408). Dennoch acceptirt er später die Berechnungen Avilas, die er für die Vorhut noch um 500 reducirt; er giebt 1470 Pferde statt 1970 an (S. 411. 417). Wo sind die übrigen geblieben?

Herrn zu schildern: auf dem dunkelbraunen spanischen Pferde, unter sich eine rothe Sammtdecke mit goldenen Fransen, über der goldblitzenden Rüstung die breite, rothe, goldverbrämte Feldbinde, auf dem Haupt eine deutsche Eisenhaube, einen kurzen Speer in der Hand. Vor dem Kaiser ritt der Bauer. Drüben erhielt er seinen Lohn, zwei Pferde und hundert Thaler [1]).

In einer kleinen Stunde waren 4000 Pferde und einige hundert Hakenschützen, die von den leichten Reitern hintenauf genommen wurden, am andern Ufer [2]). Der Rest gieng über die Brücke, die eilends zusammengefahren ward. Auch das Fußvolk, die Spanier und hinter ihnen die deutschen Regimenter, rückten jetzt über den Fluß [3]). Als Lagerwache blieben 500 Schützenreiter von den Geschwadern der brandenburgischen Fürsten und je drei Fähnlein von den deutschen Regimentern zurück [4]).

Welche Tageszeit haben wir jetzt erreicht?

Wenn wir mit Lerſener und den offiziellen Bulletins die Ankunft der Majestäten auf 9 Uhr setzen, so mögen die Frühstückspause und der Ritt die halbe Meile bis vor Mühlberg etwa 1½ bis 2 Stunden ausfüllen: um halb elf also oder gegen elf werden wir den Beginn des Flußkampfes annehmen können [5]). Über seine Dauer fehlen genaue Angaben,

---

1) Avila, Fol. 63ᵇ f. Daß der Kaiser die Furth passirt, ist nicht weiter zu bezweifeln. Dennoch muß ich auf die abweichende Angabe Godois (Fol. 44ᵃ) aufmerksam machen, der den Kaiser beim Brückenbau zurückbleiben läßt.

2) K.-M. reducirt die Angabe Arras', der von 2000 Arkebusieren spricht, auf 500. Das Faktum geben noch Avila, Goboi, Faleti, Guzman.

3) K.-M. u. a.

4) Avila, Fol. 63ᵃ f.; Faleti, S. 249 f. Vgl. o. S. 88. Ansvaldi ist Hans Walther von Hirnheim. Nicht an der Brücke, wie Voigt sagt (S. 409). Doch scheint dieser sich allerdings das Lager unmittelbar vor Mühlberg zu denken (S. 397: Alba sei mit Barthel „im Lager" erschienen). Das widerspricht aber den Quellen und ist gar nicht denkbar.

5) Das ist die Angabe Avilas, Fol. 69ᵃ: „Començose sobre el rio Albis alas onze horas del dia." Goboi (Fol. 43ᵃ) meint: „a

doch hat er nicht länger gewährt, als bis das kurfürstliche
Heer, das in wenigen Stunden erjagt wurde, einen Vorsprung
von einer kleinen Meile erhielt, also vielleicht 1½ Stunden.
Die Verfolgung begann daher in der Mittagszeit, vielleicht
gegen eins [1]).

Drüben angelangt ließen die leichten Reiter die Hakenschützen
absteigen, um diesmal einer neuen Überraschung besser begegnen
zu können. Aber die Vorsicht erwies sich als unnöthig. Die
Stadt war völlig geräumt, und so hatten die Fußtruppen nur
Gelegenheit zu plündern und die unglücklichen Bewohner, die
geblieben waren, niederzumetzeln. Im Moment brannten Stadt
und Kloster an allen Ecken; sie sanken völlig in Asche. Die
Reiter jagten über die Stadt hinaus, den fliehenden Feinden
nach.

Schade, daß Lersener den Bericht an seinen Herrn von
dem „Überzug" dem Polycarpus Pickel anvertraut hat. Es
fehlt dadurch die schöne Controlle, die uns seine präcisen Angaben bei dem Flußgefecht für die kaiserlichen Berichte gewähr-
ten. Avilas Anschaulichkeit wird jetzt durch sein officiöses
Rücksichtnehmen auf den Kaiser gehemmt. Er hatte die schwierige Aufgabe, den Kaiser als den Leiter des Gefechts darzustellen, wo er bei der Hauptattacke gar nicht zugegen und die
längste Zeit überhaupt im zweiten Treffen war. Überdies
war Don Luys während der Verfolgung in der kaiserlichen Suite. Indessen ist der Gesichtskreis der Vorhut, den wir von Lersener zu erwarten hätten, ziemlich
derselbe, den Godois Schilderung bietet. Die Angaben desselben sind sehr detaillirt und ohne alle Ausschmückung, der

---

tredeci hore" sei die ganze Armee auf der großen Ebene am Elbflusse
angelangt.

1) Goboi (Fol. 43ᵇ) rechnet bis zum Eintreffen des Brückenparks
ungefähr eine Stunde. Danach setzt er erst die Eroberung der Böte.
Doch ist er gerade hier nicht ganz exact. Voigt läßt den Nebel gegen
Mittag durchbrechen, um halb ein Uhr den Kaiser am Fluß ankommen, den
Kampf bis zur Furthfindung etwa eine Stunde dauern. Die Übergangs-
zeit würde daher mit meiner Annahme ungefähr übereinstimmen.

Situation ganz entsprechend und mit den andern Berichten wohl vereinbar. Wir werden sie also, trotz ihres Alleinstehens, so lange nacherzählen dürfen, bis sie durch bessere Zeugnisse widerlegt werden.

Im Allgemeinen nehmen wir auch jenseit der Elbe dieselbe Ordnung wahr, wie bei dem Frühmarsch: zwei Treffen; das erste unter Alba, meist leichte Reiterei, besonders viele Schützen, weitaus am stärksten, denn es mußte den Hauptstoß führen oder aushalten; und der „gewaltige" Haufe unter der persönlichen Führung des Kaisers, sehr viel kleiner, dazu bestimmt, jenes zu unterstützen, meist schwere Cavallerie. Die Distanz zwischen den einzelnen Geschwadern war dagegen auf dem rechten Ufer eine viel größere wie in der eng geschlossenen Carreeformation am Morgen. Gegen Überraschungen war man sicher; es galt nur, die Feinde festzuhalten, zur Annahme des Treffens zu zwingen. Deshalb jagten die Schwadronen, so wie sie durch die Furth waren, ohne Aufenthalt durch das Blachfeld nach. Auch die Flankendeckung war am Nachmittag nicht mehr nöthig: die brandenburgische Cavallerie, die sie damals gebildet hatte, war daher größtentheils als Lagerwache zurückbehalten.

Am weitesten vorne finden wir wieder die Husaren Horváthys und die spanischen und italienischen Leichtberittenen unter Toledo und Lannoy. Zwei Legas hinter Mühlberg erreichten die Husaren die feindliche Nachhut und nestelten sich sofort an sie [1]).

Bei den Sachsen war die Zerfahrenheit nach dem Abzuge nicht geringer geworden. Es war versäumt worden, Schanzgräber vorzuschicken, um das Terrain zu ebnen. Jetzt stieß man fortwährend auf Zäune und Gräben, die zu weiten Umwegen nöthigten [2]). So hatte man den guten Vorsprung verloren und die Feinde auf dem Halse. Der Prinz von Sulmona, der den kaiserlichen Vortrab commandirte, sah, wie die Feinde

---

1) Goboi, Fol. 44ᵇ. Also recht weit hinter Mühlberg.
2) Mühlpfort erzählt es. Wenigstens drei Stunden weit sei der Kurfürst „umbgeführet" worden: als dritte Ursache der Niederlage.

die Husaren durch ihre leichten Reiter abzuschütteln versuchten,
sonst aber, was sie konnten, fortmarschierten. Ungesäumt
meldete er es an Moritz[1]), der kurz hinter oder wohl auf
gleicher Höhe mit ihm ritt[2]), sowie an Alba, der noch zwei
Miglien zurück war. Der General trieb seine Reiter vorwärts
und ließ zurück entbieten, der Prinz solle die Feinde festhalten.
Eine neue Schwadron gieng vor. Schon kam aus der Front
die Meldung, es schiene, als verlören die Feinde den Muth;
man müsse vorwärts, so würden sie zersprengt werden. Noch
immer war Herzog Alba ein Stück zurück, mit ihm die Haupt=
masse des Vordertreffens, Castrovillars Kürassiere, die sächsischen
Spieß= und Schützenreiter und der Deutschmeister mit seinen
400 Pferden, die an Stelle des Kulmbachischen Geschwaders in
dies Treffen gezogen waren. Die neue Meldung trieb den Herzog
zur größten Hitze; an den Prinzen wiederholte er den früheren
Befehl[3]). Jetzt schwärmten neben den Husaren auch die spa=
nischen Arkebusiere; an der Queue, auf beiden Flanken, selbst
schon vor der Tête[4]); ihr Führer Don Antonio von Toledo
unter den vordersten[5]); mit ihren langen Flinten holten sie
manchen Mann aus den feindlichen Reihen[6]).

---

1) Goboi, Fol. 44ᵇ.

2) Man kann dies aus der Antwort des Herzogs an den Prinzen
schließen: „che quando il Prencipe desse dentro, egli farebbe
il medesmo". Dann wird von dem Duca ausgesagt, daß er zurück
gewesen sei.

3) Alles nach Goboi, Fol. 44ᵇ.

4) Crentz: „neben, hinden, auch vor uns hinaus." Es ist die
Situation, der Mühlpforts „vierte Ursach" entspricht: er habe, da
er die Husaren links gesehen, von den Knechten, „die diesmal sehr ge=
zogen", 100 Hakenschützen und zwei Falkenettlein zu dem Kurfürsten
gebracht; aber die Geschütze seien nicht gerichtet gewesen und die Büchsen=
meister hätten kein Feuer gehabt: „darbey abermals zu vermerken, wie
treulich der fromme Fürst gemeynt worden". Voigt setzt dies zu spät
(S. 415). Die „schwarzen Reuter" bei Crentz sind wohl die Reiter
Sulmonas.

5) Goboi, Fol. 44ᵇ.

6) Crentz: „dy spanischen schützen zu roß mit iren langen roren,
dy uns großen schaden gethan".

Das waren die Kugeln, zwischen denen der brave Lersener seinem Herrn und dem Kurfürsten zum besten hindurchritt [1]).

So lästig den Sachsen die kecken Angriffe wurden, thaten sie den Gegnern doch nicht den Gefallen, das Gefecht anzunehmen. Kugeln für die Husaren und Spanier hatten ihre Arkebusiere, die oft aus den Reihen heraussprengten und abschossen, genug [2]). Schon sahen sie in der Ferne vor sich den Wald, und der Abend begann hereinzubrechen. Unter dem Schutze des Gehölzes und der Nacht hoffte Johann Friedrich, wie im Herbst an der Donau, auch diesmal noch davonzukommen [3]).

Schon aber hatte ihm die Stunde des Schicksals geschlagen.

Der Kaiser war mit seinen Geschwadern in dem stärksten Trabe, dessen die schwere Cavallerie fähig war, gefolgt, nicht geradeswegs im Rücken, sondern rechts seitwärts, sowohl um den hinter den vorderen Geschwadern aufwirbelnden Staub zu

---

[1]) Also nicht durch das Reiter-Scharmützel an der Elbe, während dessen Moritz noch auf der linken Seite war, sondern etwa eine Stunde vor dem Hauptangriff (vgl. Voigt, S. 409 f.).

[2]) Daß sie in dieser Weise fochten, geht aus den Worten Albas an den Kaiser hervor, die Onzman überliefert hat (Fol. 183ᵃ).

[3]) Voigt nimmt, dem Cüstr. Bericht folgend, den Angriff am Walde zwischen 3 und 4 Uhr an (S. 413). Damit verwirft er Crentz und Avila, von denen jener den Kampf nach 6, dieser um 7 Uhr zu Ende sein läßt (Fol. 69ᵃ). Des letzteren Angabe bezieht sich aber keineswegs auf die meilenweite Verfolgung, die er vielmehr, wie es richtig ist, bis zum nächsten Tage dauern läßt (vgl. Voigt, S. 416, 1). Voigt widerlegt sich selbst, da er ja den Elbkampf und damit den Abzug des Trosses und Geschützes gegen Mittag ansetzt: in drei bis vier Stunden müßten diese also drei volle Meilen, die kaiserliche Reiterei aber dieselbe Strecke in zwei bis drei Stunden zurückgelegt haben, während doch Mühlpfort schon allein einen Umweg von drei Stunden herausrechnet. Auch der Str. Anon. rückt den Kampf in die Abendstunde: „bis die Nach volls herzu käme". Nach dem Gespräch zwischen dem Kurfürsten und Lersener ist diese an und für sich selbstverständliche Annahme vollends außer Zweifel. Eine Strecke von drei Meilen in gut sieben Stunden mit all den Hindernissen seitens des Terrains und der Feinde zurücklegen ist in der That eine recht tüchtige Marschleistung.

vermeiden, als um im Falle eines erfolgreichen Gegenstoßes des Feindes der Verwirrung durch die geworfene Vorhut zu entgehen. Erreichte man das vordere Treffen, so war dadurch von selbst die Front zur Umfassung des Gegners erweitert. Eben die Herstellung einer langen Front bezweckte auch die Ordnung der kaiserlichen Geschwader in sich: im Gegensatz zu den sächsischen, die mit schmaler Front eine beträchtliche Tiefe verbanden, waren sie auf siebzehn Rotten gestellt, was zu einem kräftigen Stoß vollkommen genügte [1]). Der Tag war weit vorgerückt, die Sachsen sahen sich schon auf allen Seiten durch die ausgeschwärmten Feinde bedrängt, als beide Treffen auf eine Höhe kamen [2]). Jetzt gab der Kaiser das Feldgeschrei: Sanct Georg und das Reich, Sanct Jakob und Spanien [3]). Giambattista Castaldo empfing es zuerst und brachte es weiter. Die neapolitanischen Küraffiere als die hinterste Linie des ersten Treffens feuerte Karl persönlich an [4]). Auch Moritz und Alba

---

1) Avila, Fol. 64ᵇ. Bei dieser Gelegenheit erzählt er einen der frommen Züge, die dem Bilde des katholischen Kaisers nicht fehlen dürfen: vor einem Crucifix am Wege, dem die Brust ein Büchsenschuß durchbohrt, habe Karl mit frommem Augenaufschlag zum Himmel gesagt: „Herr, wenn Du willst, besitzest Du die Macht, Deine Beleidiger zu bestrafen."

2) Avila, Fol. 66ᵇ. Voigt scheint gar nicht anzunehmen, daß der Kaiser Alba vor dem Angriff noch erreicht und gesprochen habe, wenigstens sagt er davon kein Wort. Damit leugnet er die bestimmtesten Angaben von Avila und Guzman.

3) Avila, Fol. 66ᵇ: „dandoles el nombre que era sant Jorge, Imperio: sant Jago, España". Goboi giebt blos „san Jacobo, imperio" an. Giambattista Castaldo habe es empfangen. Er setzt die Scene später als Avila, nach dem Ordonnanzritt Guzmans. Dieser fällt aber (s. u.) kurz vor den Moment der Entscheidung, wo Castaldo jedenfalls bei Alba war. Ich folge Avila, der sich mit Guzman gut combiniren läßt.

4) Avila, ebend. Die bestimmt auftretende Angabe erhält eine sichere Stütze durch die Thatsache, daß diese schweren Reiter dem Haupttrupp am nächsten, als Rückhalt und Verstärkung der leichten Cavallerie unmittelbar zu Albas Verfügung standen. Faleti scheint auch hier Avila ausschmückend nachzuerzählen (S. 251 f.).

erschienen hier nochmal vor ihrem kaiserlichen Herrn, der aufs
heiterste mit ihnen sprach¹). Seine Majestät waren in der
besten Stimmung, begierig, selbst mit den Reitern in den Feind
zu setzen. Fröhlich, gnädig und mit hellem Lachen — so erzählt
uns wieder Guzman — ritt der Kaiser auf den Herzog Alba zu,
packte dessen rechten Arm mit beiden Händen — „che essendo
il Duca" (setzt unser Gewährsmann in seiner humoristischen
Weise hinzu) „gentil' huomo ben disposto et ben armato
non gli doveva parer huomo di una mano, ma di dua" —,
und sprach: „General, wollt Ihr mich bei der Arrieregarde
lassen? Habe ich diesen Morgen commandirt, um bei den
Weibern und dem Gepäck zu bleiben?" Alba entgegnete,
wie am Mittage: „Sire, Eure Majestät sehen alleweil das
Geplänkel, das unsere leichten Reiter mit den feindlichen führen,
die aus ihren Geschwadern herausprengen. Ich will ein wenig
voranreiten, um zu recognosciren und die Gegner zu zählen.
Führen unterdessen Eure Majestät die Mannschaften in Ordnung
nach, während ich sehen will, ob wir auf die Infanterie warten
müssen. Denn ich möchte" — und damit sagte er gerade heraus, was er wollte — „Eure Majestät nicht in Gefahr bringen."²) Der Kaiser ließ ihm seinen Willen, und Alba ritt
mit Castaldo, Pietro Colonna, Alfonso Guzman und einigen
andern Edelleuten in die Feuerlinie³). Als sie in den dichten

---

1) Avila, Fol. 66ᵇ. Alle diese Thatsachen übergeht Voigt.

2) Fol. 183ᵃ: . . . . „gionse l'Imperator il Duca d'Alba animosa
(so!) et gratiosamente con gran rise et lo piglio per il brazzo destro
con tutte dua le mani, che essendo il Duca etc. Gli disse: Duca,
nella Retroguarda con le bagaglie mi volevi lasciare? Era questo
giorno Duca, per lasciarmi con le femine et le bagaglie? (so setze ich
die Interpunktion; die Ruscellis giebt keinen Sinn), con grande
allegrezza, che certamente ne metteva grand' animo et cuore."

3) Guzman nennt Castaldo, Pietro Colonna, Cesare de Napoli,
Don Pierro de Guzman, den Capitano Luigi Pizano und sich. Goboi
nennt die drei ersten ebenfalls als die Begleiter Albas beim Angriff:
eine sehr erfreuliche Übereinstimmung; daneben den Conte dell'
Abriano. „Et gionse il Duca" — erzählt Guzman — „cosi presso

Kugelhagel ganz nahe vor dem Feind kamen, bemerkte Alba — und schon erreichte ihn von Moritz, der, am weitesten vorn, es zuerst gesehen und sofort angreifen wollte, und von Lannoy dieselbe Meldung —, wie die Feinde ihre Artillerie halten ließen [1]). Man sah jetzt den Wald unmittelbar vor sich. Alba schickte Guzman mit der Botschaft an den Kaiser. Da bewahrte Karl doch nicht den ruhigen Gleichmuth, den seine Briefe und Commentarien an sich tragen. Er äußerte aufs lebhafteste das Vergnügen, das ihm die Meldung mache, dankte Guzman, daß er sie gebracht, und theilte sie selbst seiner Suite mit. „Eilt, Don Alfonso", sprach er, „saget dem Herzoge von mir, er solle sich nicht sorgen, wenn auch die Feinde in das Gehölz eintreten, zu dem sie sich zurückziehen, denn wir werden sie dort nur um so besser fassen können." [2]) Unterdeß aber waren die Würfel schon ins Rollen gerathen. Guzman langte in dem Moment bei dem Herzoge an, als die leichte Cavallerie einen heftigen Gegenstoß parirte und jener, alle vorderen Geschwader zusammenfassend, zu dem entscheidenden Angriffe ausholte.

à nimici, che le balle dei archibusi, che appresso esso davano, parevano granizzo."

1) Guzman, Fol. 183ᵃ: „Quivi seppe, come i nimici andando lasciavano l'artigliaria, che era segno, che non la portavano tutto con loro." Bestätigt durch Goboi, der nur die Absicht anders und richtiger deutet: „a quell' hora i nimici, vedendosi appresso ad un bosco grandissimo, fecero restare alcuni pezzi d'artegliaria et la fanteria per diffendersi." Moritz, der es sieht, meldet es dem Prencipe, dieser dem Herzog, Alba dem Kaiser.

2) a. a. O.: „Et mi disse: Don Alfonso, ritorna al Duca et diteli da mia parte, che se ben i nimici intrano nel boscho, dove se li vanno retirando, non se ne curi, perche quivi si prevaleremo meglio di loro." Dies also der Befehl zum Angriff, den wir in den Commentarien (S. 163) durch längere Reflexionen motivirt finden. Goboi läßt Karl befehlen: „a dire al Duca, che non perdesse l'occasione". Avila, Fol. 66ᵇ: „A este tiempo el Duque de Alva conosciendo tan buena occasion embio a dezir al Emperador que el cargava — y ansi lo hizo", setzt er sogleich hinzu, ohne also die Antwort abzuwarten, über einstimmend mit Gobois und Guzmans Zeichnung der Situation.

Es war zwischen 6 und 7 Uhr Abends, drei Meilen hinter Mühlberg [1]).

Die Sachsen hatten sich, da sie den Wald vor sich sahen, schon in Sicherheit gewähnt. Ihre Befehlshaber waren in Eile zusammengeritten, um zu berathschlagen, was weiter zu thun sei. Noch immer waltete die ängstliche Rücksicht auf das Davonbringen des Geschützes vor. Man betrachtete es nicht anders als kostbare Bagage, die nur vor dem Feinde gerettet werden müsse. Beweis genug übrigens, wie wenig dem Kurfürsten und seinen Rathgebern selbst in diesem Moment die Größe der Gefahr zu Bewußtsein gekommen war. Sie dachten, mit den Reitern dem Feind „den Kopf zu bieten", bis Troß, Fußvolk und Artillerie sicher durch das Holz wären. Auch die Hakenschützen wollten sie bei sich behalten. Die sollten im Holz noch hinter der Cavallerie ziehen, um die Übermacht der feindlichen zu paralysiren [2]): Anordnungen, die gegenüber einem Feinde ohne Fußvolk und Artillerie, im Walde und unter dem Schutze der nahenden Dunkelheit, wohl noch immer Rettung hätten bringen können, wenn sie nur präcis und energisch ausgeführt worden wären. Aber schon gehorchten die Truppen nicht mehr dem Willen ihrer Obersten. Sie sahen, wie sechs Fähnlein Husaren vor sie rückten. Ohne den Befehl abzuwarten, sprengten diesen zwei Geschwader entgegen; zwei andere drückten nach, und mit großer Mühe nur gelang es Wolfgang von Creutz, die beiden letzten, Hauptfahne und Hoffahne, von der Theilnahme an der unbesonnenen Offensive zurückzuhalten. Schon aber gerieth auch der Marsch der Infanterie und Artillerie, beide kurz vor oder bereits in der Waldecke, ins Stocken [3]). Das war der Moment, den Alba

---

1) Die Entfernung geben die meisten Quellen gleich an. Über die Zeit vgl. o. S. 133, 3.

2) So die Angaben des zweiten Offiziers der Armee, Wolfgangs von Creutz.

3) Creutz spricht nicht davon, daß Fußvolk und Geschütz Halt gemacht hätten. Indessen bemerkt es Goboi von beiden, Guzman von letzterem ausdrücklich. Ebenso der Str. Anon.: „alß ihr Ordnung gemacht, daß

zum Angriff ersah. „Wie sich aber unser Reuther" — so
erzählt Creutz — „wider wenden solten, so kompt von dem
losen gesinde ein flucht unther die ersten 2 fanen." Hinten
bei der Hauptfahne konnte er nicht sehen, wie energisch die
Kaiserlichen dem unüberlegten Angriff begegnet waren. Es
scheint doch, als seien die Husaren Anfangs durch den heftigen
Stoß erschüttert und auf die neapolitanischen Kürassiere zurück=
geworfen worden ¹). Doch konnten und wollten die Sachsen
gar nicht daran denken, den Angriff auf die schweren Reiter
des feindlichen Centrums fortzusetzen. Indem sie aber wieder
wenden wollten, stieß Alba vor. Er hatte die Husaren, die

---

die Fußknecht das Holz zum Vortheil (Front) und an der Seiten hatten
(also eine Waldecke, nach dem rechten Flügel, d. h. der Elbe, zu), den
reisigen Zeig aber, die Spießer und Schitzen, auf der andern Seiten
hielten: vor diesen gemeß und besse greben." Auch war es natürlich,
daß der Marsch durch den plötzlichen Angriff ins Stocken kam. Creutz
selbst war vom Fußvolk entfernt; auch kommt es ihm wesentlich darauf
an, die Ursache der Niederlage zu beschreiben. Doch wird man nicht mit
dem Str. Anon. von einer regelrechten Schlachtstellung des Fußvolkes
sprechen können, dazu war die Zeit zu kurz oder die Verwirrung zu groß.
Aber den Versuch, eine Ordnung herzustellen, werden Recherod und seine
Offiziere gemacht haben. Avila spricht nicht dafür, daß die Infanterie
schon das Gehölz erreicht habe: „para recorgerse al bosque", hätte sie
„un poco de resistencia" geleistet.

1) Dieser unbedachte Vorstoß auf die anrückenden Husaren war
also die Offensivbewegung, von der die Kaiserlichen, voran Avila
(Fol. 66ᵇ), so bestimmt sprechen: man sieht, wie wohl die besten Berichte
von beiden Seiten in einander passen. Hier darf man auch mal wieder
eine Originalnotiz Faletis herbeiziehen, die er freilich an eine ganz
falsche Stelle setzt (S. 254): Die Husaren „Crovattis" seien von den
Feinden gewaltig zurückgeworfen, bis auf die neapolitanischen
Kürassiere, — dieser Zusatz spricht besonders für die Notiz. Ich halte
die ähnliche Angabe auf S. 258 u., wo sie an die richtige Stelle gesetzt
wird, nur für eine Wiederholung desselben Faktums. Eine sehr bemer=
kenswerthe Angabe für den Moment des Angriffs giebt Faleti S. 262:
„Allhora Gio. Battista Castaldi che il Duca d'Alva haveva voluto
appresso di se, perche sapeva havere grande esperienza nelle cose di
guerra: vedi, disse, o Alva, come i nimici sono da questo incontro
fatti paurosi. Perche perdiamo noi la occasione della vittoria?"
Castaldo war, wie wir eben sahen, in der That bei Alba.

spanischen und italienischen Leichtberittenen, die sächsischen
Schützen- und Spießreiter und die schwere Cavallerie aus
Neapel bei der Hand: Horváthy zur Rechten, Moritz zur
Linken, in der Mitte Sulmona mit Lannoy und Alba selbst,
hier im Rücken zur Verstärkung der Herzog Castrovillar [1]), —
so stürzte sich das gesammte Vordertreffen auf die vereinzelten
feindlichen Geschwader. Da war kein langes Halten. Eine
breite Salve gieng über die Köpfe der Angreifer unschädlich in die
Luft [2]). Hans von Ponickau, des Kurfürsten Kämmerer, war
eben im Auftrage seines Herrn bei den Reitern gewesen, um
sie in Ordnung zu halten, obschon er gar keinen Befehl führte;
aber der Feldmarschall Wolf von Schönberg war zurückgeblieben,
um seinen „bösen Schenkel", an dem er die vergangene Nacht
arg laboriert hatte, zu schonen. Jetzt war der Hofmann gerade auf dem Rückwege zu seinem Herrn, mit ihm Herzog
Ernst von Braunschweig und ein Sekretär. Noch dachten sie
gar nicht, daß der Feind angreifen könnte. Da wandten sie
den Blick und sahen, wie die Reiter hinter ihnen ins Traben
kamen. „Hilf Gott", rief der Kämmerer, „es soll wohl eine
Flucht daraus werden!" „Es sieht ihr sehr ähnlich", ver-
setzte der Herzog und wollte dem Kurfürsten nacheilen, während
Ponickau sich den Reitern entgegenwarf [3]). Es war zu
spät. Die Fluchtbewegung hatte sich sofort den beiden nächsten

---

1) Dies die bestimmten Angaben Gobois, Fol. 45. Avila (Fol. 66b f.)
widerspricht nicht, giebt aber die Stellung der einzelnen Geschwader nicht
so genau. Der Str. Anon. bestätigt wenigstens die Stellung Moritz'
auf dem linken Flügel, da er ihn den rechten feindlichen angreifen
läßt. Gerade, daß die Kürassiere wieder als hintere Linie des Centrums zur unmittelbaren Verfügung Albas erscheinen, spricht für die
Exaktheit der Angaben Gobois: zugleich für die citirte Notiz Faletis,
S. 254 (s. die vorige Anm.).

2) Str. Anon., S. 46. Auch Faleti des Breiteren, S. 261.

3) Burkhardt, Archiv f. d. sächs. Gesch. VIII, 51. Nur in diesem
Moment kann die Scene fallen. Voigt setzt sie zu früh, ebenso aber
auch das Hinwegstürmen der Reiterei (S. 413): erst der Angriff Albas
war der Anfang der regellosen Flucht, wie vor andern Creutz zweifellos macht.

Geschwadern mitgetheilt. Zusammen, durcheinander stürzten sie sich auf die Haupt- und Hoffahne und rissen sie mit sich fort; Alles drängte zum Walde; da standen die Knechte; die Reiter in ihre Reihen hinein; im Nu war Alles aus einander. Was wollte es helfen, daß die Befehlshaber, Ponickau, Mühlpfort, Creutz, dann auch Herzog Ernst und der Feldmarschall sich in den Weg warfen, die Reiter bei ihren Ehren und Eiden und der Noth ihres frommen Herrn baten und beschworen [1])! Es war alles vergebens. „Und half kein ermhanung, kein schlahen, wiewoll sie sahen, das der frumb Churfurst nicht hinwegt konthe." Die Knechte, den Tod vor Augen, wollten wohl fechten [2]); aber die eigenen Reiter warfen sie aus einander.

---

[1]) Der Moment wird durch Creutz, Ponickau (bei Burkhardt) und Mühlpfort ganz richtig und sehr klar gezeichnet. Es ist die „fünfte Ursach" Mühlpforts. Ponickau rief nach der Aussage eines weimarischen Bürgers: „O ihr lieben Kriegsleut, wendet wieder um, bedenket Euren Eid, den Ihr geschworen. Ich bitte Euch um Gottes willen, Ihr wollet Euern frommen Herrn in seiner großen Noth nicht also verlassen" (Burkhardt, S. 51, 3). Eine merkwürdige Notiz über die Sendung Ponicaus hat Faleti, S. 256: „Et comandò (Johann Friedrich) che i cavalli di Giovanni Ponicaui et di Gangolfo di Eilinga", seine Leibgarde, und das Fußvolk Veichlingens sich nach rechts dem Feinde entgegenwürfen, einem Angriff auswichen und nur auf sein Commando das Gefecht annähmen. Dieser Befehl soll kurz vor der Ankunft des Kaisers bei der Vorhut gegeben sein. Woher hat Faleti die Notiz? Gangolfo di Eilinga, Gangolf von Heilingen, wird in der That als Rittmeister in der Gefangenenliste bei Hortleber (III, 70, IV) aufgezählt. Also von diesem selbst? Später nennt Faleti nochmals Namen niederer sächsischer Offiziere, S. 260 u.: „et ai cavalli di Nicolao Benardi et di Giovanni Segherni, ch' erano nel destro corno verso il nimico, quai sperava dovessero stare fermissimi, prepose Ernesto da Bransoicoho". Diese Namen lassen sich nicht deuten. Bei der Unzuverlässigkeit Faletis kann man mit den Angaben nichts weiter anfangen, doch mußte ich darauf aufmerksam machen. Der Befehl an Ponickau und Heilingen läßt sich, wie man sieht, mit den Angaben Creutz' und Burkhardts vereinigen.

[2]) Avila sagt, sie hätten etwas Widerstand versucht, aber auch er bemerkt, „que en un momento fueron todos rotos" (Fol. 67ª).

Da kamen die Feinde: von allen Enden; die Ungarn und leichten Reiter, die eine Seitenbewegung gemacht hatten, griffen die eine Flanke an; zuletzt auch die Schwadronen des Kaisers; das sumpfige Terrain hatte sie genöthigt, aus der breiten Front einzuschwenken und dem Vordertreffen zu folgen: sie kamen wohl erst in dem Moment, als die Gegner schon völlig geworfen waren [1]). Wer konnte da noch an Widerstand denken!

---

1) Avila, Fol. 67. Die Commentarien, im Wesentlichen übereinstimmend, sprechen, statt von Bach und Morast, von einem Teich. Voigt bemüht sich (S. 421 ff.) nachzuweisen, daß der Kaiser mit seinem Gefolge ein ziemliches Stück zurückgeblieben sei, mit der Suite und dem gesammten „Mitteltreffen" (er meint den „gewaltigen" Haufen). Die officiösen Federn (auch Guzman wird dazu gerechnet) hätten das höchst kunstvoll zu vertuschen gesucht. Nur Faleti sei offen, wenn er bemerke, daß der Kaiser nicht unmittelbar gegenwärtig gewesen wäre. Voigt knüpft daran sogar den Zweifel, ob Karl wohl jemals im Bereiche der Kugeln gewesen sei (also auch in dem Flußkampf nicht?). Ich kann gerade hier von so bösen Absichten nichts spüren, höchstens bei Avila, der das Eingreifen des Haupttreffens sehr bestimmt hervorhebt, dennoch aber ebenfalls erzählt, daß Alba, ohne den Befehl abzuwarten, angegriffen habe. Er erzählt das Einschwenken ebenso wie der Kaiser. Daß Karls Geschwader gleich Anfangs mit angegriffen hätten, behauptet keine der in Betracht kommenden Quellen, daß sie so rasch als möglich gefolgt seien, heben aber, wie Avila, so Godoi (Fol. 45 b) und Guzman (Fol. 183 b) hervor; auch der Str. Anon. (S. 47). Man kann im Zweifel sein, wann sie in den Wald gekommen, ob sie noch vor und an dem Rande desselben in die Feinde eingehauen haben, speziell ob sie noch den Sieg vervollständigt haben (der Ausdruck Avilas scheint allerdings officiös gefärbt zu sein, und ich nehme mit K.-M. an, daß die Vorhut allein den Feind warf); aber daß sie in den Wald gekommen, ist außer Zweifel. Avila sagt es doch so deutlich als möglich: „El Emperador siguio el alcance una gran legua." Ebenfalls der Str. Anon. „Sonderbar" kann ich das Einschwenken der kaiserlichen Geschwader nicht nennen, muß darin vielmehr eine ganz genügende Erklärung des Faktums sehen. Daß das Terrain sumpfig war, darin stimmen doch eine Reihe von Quellen überein. Voigt muß seiner Hypothese zu Liebe wieder die bestimmtesten Angaben einfach streichen. Karl hatte aber doch wahrhaftig keine Ursache, seine Reiterei zu schonen. An den Ort, wo der Kaiser zurückgeblieben sei, verlegt Voigt den zuletzt wiedergegebenen Wortwechsel desselben mit Alba.

Im Augenblick waren die Kaiserlichen zwischen den aufgelösten Reihen. Reiter, Hallebardiere und Hakenschützen, auch die Offiziere, Feuerwerker und Troßbuben — Alles stürzte in wilder Verwirrung durch den Wald. „Und kan es fur kein entliche schlacht, auch fur keinen scharmutzel nit rechnen", schrieb Wirsberg am Tage darauf, „sonder fur ain niderlag in ainer schentlichen flucht."

Das war das Ende. Pardon ward wenig gegeben. Nur wer ein gutes Lösegeld zu versprechen schien, den pflegte die erbarmungslose Kriegführung jener Zeit zu verschonen. Von den Reitern entkamen viele; auf weiten Umwegen gelangten sie zum Theil nach Wittenberg. Gefallen sollen mehr als 500 sein, zehnmal so viel als von den kaiserlichen Schwadronen [1]). Die Knechte verkrochen sich im Walde: manch einer dankte der Finsterniß, Sümpfen und Gestrüpp seine Rettung; an zweitausend aber wurden niedergemetzelt; viele andere, Verwundete und auch Unverwundete, wurden gefangen eingebracht; ein Guttheil mag auch trotz Wunden davongekommen sein; die Spanier wollten wissen, daß die kaiserlichen Deutschen manchen Landsmann mitleidig unter ihre Reihen gesteckt und verborgen hätten. In Wittenberg sollen sich kaum 400 Reiter und Fußknechte wieder zusammengefunden haben, unter ihnen des Kurfürsten Sohn, der verwundet und gestürzt, doch wieder glücklich auf das Pferd gekommen war, Wolf Creutz und Mühlpfort. Auch den Feldmarschall Wolf von Schönberg hatte sein „böser Schenkel" an einer schnellen und glücklichen Flucht nicht behindert. Reckerod, der Fußknechte Oberster, hatte Mühlpfort noch 40 bis 50 Schützen mitgegeben, die den Kurfürsten sicher durchs Holz geleiten sollten [2]). Danach suchte auch er das Weite. Ihm mußte allerdings besonders daran

---

1) Nach Avila, während Faleti auf der kaiserlichen Seite 40 Todte, 30 Verwundete zählt. Dies die höchsten Angaben, andere sind zu niedrig. Ich folge in diesen Angaben Avila, der mir hier recht zuverlässig scheint, ohne im Einzelnen dafür garantiren zu wollen. Vgl. Voigt, S. 428f.

2) So berichtet Mühlpfort.

gelegen sein, hinweg zu kommen, denn seine französischen Dienste
hätten ihm vielleicht das Schicksal gebracht, das sein Kamerad
Vogelsperger später auf dem Augsburger Marktplatz erlitt [1]).
Sie alle verließen ihren Fürsten noch früher als der hessische
Sekretär. Der blieb hinter dem schwerfälligen Herrn, bis er die
Feinde hinten und zur rechten Hand kommen sah. Dann setzte
auch er nach links weg, und sein guter Renner entführte ihn
bald der Gefahr und zu den flüchtigen Obersten der zersprengten Armee. Der Kurfürst aber blieb zurück und fiel nach
tapferer Gegenwehr verwundet in die Hände der Feinde. Ich
wage die vielumstrittene Frage nicht zu entscheiden, wer den
glücklichen Fang gethan, mit wem der Fürst gekämpft, wem er
sich ergeben habe, ob es ein Husar oder ein Spanier, Graf
Hippolito da Porto oder Tilo von Trota gewesen ist. Die
es ausgeführt, haben es uns nicht berichtet, und die es berichten, sprechen alle im Parteiinteresse. Zum Glück bietet es
uns ein geringeres Interesse, als Baumann und Faleti,
wem die zweifelhafte Ehre gebüre, ob einem katholischen Wälschen oder einem deutschen Protestanten, das Haupt des deutschen
Protestantismus dem „Defensor Ecclesiae" überantwortet zu
haben. Genug, Kurfürst Johann Friedrich ward von den
Seinen verlassen und ward gefangen. Die ihn gegriffen hatten,
brachten ihn herbei, und Alba, der wohl schon vorher zu Karl
zurückgekehrt war, in Wahrheit sein Besieger, führte ihn jetzt
vor den Kaiser [2]).

---

1) Er ward im Lager vor Wittenberg von der Gnade ausgeschlossen.

2) Avila, Fol. 67ᵇ und die Commentarien ebenso (S. 164)
bemerken ausdrücklich, daß Alba vorher zum Kaiser gekommen und dann
erst abgegangen sei, um den Gefangenen herbeizubringen. Hierhin würde
die Bitte Albas fallen, die der Str. Anon. anführt (S. 47), die ich
aber nicht nachzuerzählen wage. Besser klingt eine Angabe Gobois:
Alba habe den Kaiser gebeten, ihm für den Sieg, den dieser heute erlangt, die Hand zu reichen, Karl aber geantwortet: „anzi a voi, che
me l'havete data dopo Iddio, devo io dimandarla".

Karl, der dem Treibjagen eine gute Strecke gefolgt war, hatte mitten im Walde Halt gemacht. Um ihn hielt sein glänzendes Gefolge, sein Bruder, der König, die Neffen und eine zahlreiche Schaar von spanischen, burgundisch-niederländischen, italienischen und deutschen Fürsten und Edelleuten.

Zum ersten Mal hatte sich der Kaiser recht im Feuer der Schlacht gefunden. Wir hören das bei dieser Gelegenheit aus seinem eigenen Munde: „Ihr seid junge Leute", so redete er seine Neffen an, des Königs Söhne und den Prinzen von Piemont, „und waret nun schon in einer Schlacht; ich bin ein alter Herr von funfzig Jahren und habe noch keine andere mitgemacht als die von heute"[1]). In diesem Augenblick sah man Herzog Alba mit dem Gefangenen herankommen[2]). Da ritt der Großcomthur von Alkantara, Don Luys de Avila, der seinen Herrn kannte und wohl so etwas wagen durfte, an ihn heran, mit den Worten: „Sire, heute ist ein Tag, an dem man sich wohl etwas herausnehmen darf. Ich bitte, Eure Majestät wollen sich von der Aufregung des Sieges und den Beleidigungen des Herzogs von Sachsen nicht hinreißen lassen, mit ihm zu thun, wie sie doch nie mit einem anderen gethan, ihm Schmähungen zu sagen." Der Kaiser sagte es dem Vertrauten lachend zu. Der Kurfürst kam herbei, auf einem schweren friesischen Pferde, über dem großen Panzerhemd den schwarzen Brustharnisch, der dem beleibten Herrn auf dem Rücken mit Riemen zugeschnürt war, einen Hut auf dem Kopf, den ihm ein Kaiserlicher statt des Helms auf-

---

1) Fol. 183 b: „dove era sua Maestà .... dicendo queste formal parole alli detti figluoli .... suoi nepoti, voi sete giovaneti et vi havete trovato in una battaglia. Jo son vecchio di cinquanta anni et non mi ho trovato in altra che questa." Voigt sieht sich genöthigt, diese Worte, die seiner These direkt widersprechen, zu bezweifeln (S. 423): Guzman habe die Worte vielleicht mißverstanden, die vielleicht französisch gesprochen seien, was er vielleicht nicht verstand.

2) Guzman, Fol. 183 b. Avila selbst verschweigt es. Vgl. oben S. 81. Ich übersetze, wie Voigt (S. 424).

gesetzt hatte, blutüberflossen¹). Wie er seinen kaiserlichen Herrn sah, wollte er absteigen. Karl winkte ihm, sitzen zu bleiben; schwerlich aus Mitleid mit seiner Wunde und Erschöpfung, wie Avila meint — solche Regungen waren ihm damals gewiß am fernsten —, er wollte mit dem Gefangenen überhaupt nicht mehr wie der Kaiser mit seinem Fürsten verkehren. Johann Friedrich zog auch den Handschuh aus: er meinte, Karl werde ihm, wie sonst, die Hand reichen; er nahm den Hut ab²). „Gnädigster Herr und Kaiser", so begann er jetzt etwa, „ich bin Euer kaiserlichen Majestät, die wollen mich halten als ein gefangnen Fursten." „Bin ich nun Euer Kaiser?" so lautete ungefähr die Antwort, „ich will Euch halten nach Gelegenheit und nach Eurem Verdienst, gehet von mir hinweg."³) Man übergab den Gefangenen Alfonso Vives zur Bewachung; nur Spaniern ward der deutsche Ketzer anvertraut. Er bewahrte eine Haltung, die auch den Fremden Bewunderung abnöthigte.

Mit dem Kurfürsten fielen Herzog Ernst, ein Reuß von Plauen, drei Grafen von Gleichen und eine ganze Reihe sächsischer Edelleute den Kaiserlichen in die Hände. Dazu das gesammte Geschütz: 15 Stücke gleich am Abend, 2 große,

---

1) So Avila. Die Wunde gieng über die linke Backe, vom Auge abwärts. Ein Husar soll ihn getroffen haben. Man sprach auch von einem leichten Stich am Halse. Daß er einen Hut (capello, bereta) aufgehabt habe, hören wir mehrfach.

2) Guzman sagt sehr bestimmt, der Kurfürst habe das Barett wieder aufgesetzt, als er gesehen, daß Karl das seine aufbehalten; dann läßt er ihn erst die Anrede beginnen. Avila und Godoi sagen, er habe mit entblößtem Haupte gesprochen. Ich lasse es unentschieden.

3) So Lersener, nach Sibottendorf. Ich wage nicht den genauen Wortlaut zu restituiren. So wie Lersener die Worte giebt, entsprechen sie sehr wohl dem Sprachgebrauch der Zeit. Godoi läßt den Kurfürsten hinzufügen: „fate quel che volete di me, ch' in poter vostro sono, et rimescsi il capello". Die Worte, die der Str. Anon. dem König in den Mund legt, will auch ich nicht vertreten, den Zusatz Baumanns zu seiner Quelle, „Miserere etc.", aber noch viel weniger. Vgl. Voigt, S. 425f.

4 mittlere Feldschlangen, 4 mittelgroße Bombarden, 5 Falkonetts, nebst vieler Munition; 6 andere, die schneller vorwärts gekommen waren, holte man am Tage darauf in einem Dorf ein. Ferner 17 Fahnen des Fußvolks, 9 Standarten und die Hauptfahne [1]). Dann alles Gepäck, der kurfürstliche Silberwagen und die ganze Kriegskasse, der Kanzler Jost von Hain und seine Sekretäre mit ihrer Kanzlei, so daß wir jetzt in dem Archive Karls des Fünften sächsische Reformationsgeschichte studiren können. Die Deutschen in dem kaiserlichen Heere wußten nicht genug zu klagen, wie wild die Husaren und Wälschen über all das schöne deutsche Gut hergefallen wären. Wer von ihnen selbst dabei gewesen ist, wird gewiß zugesehen haben, wie auch er zu seinen Rechten kommen könnte. Die Verfolgung gieng meilenweit, bis tief in die Nacht, und noch tagelang schweiften die leichten Reiter zwischen Elbe und Elster umher. Zu den Hitzigsten bei Angriff und Verfolgung hatten die sächsischen Brüder gehört. An den Lagerfeuern erzählte man sich die folgenden Tage überall, wie muthig der junge Kurfürst in die Feinde gesetzt, wie schlimm die Gefahr für ihn gewesen sei und wie glücklich und tapfer er sie bestanden habe. Das war seine Lust, unter den vordersten in dem wilden Getümmel des Kampfes zu reiten. Er war in dem Lager der Held der Deutschen. Doch haben auch die Fremden seine Lebensgefahr und die muthvolle Haltung, die er bewiesen, anerkannt.

Die Majestäten und ihr Gefolge ritten von dem Schlachtfelde sofort den weiten Weg zurück. Nach Mitternacht erst kamen sie wieder im Lager vor Schirmenitz an. Die Reiter lagerten sich zum Theil in den Dörfern zwischen dem Walde und Mühlberg, in Stehla, Cosdorf, Brottewitz und andern, wo sie nicht Magazin=, sondern Requisitions=Verpflegung fanden. Wie sie dabei verfuhren, hat uns Georg Dohrn

---

1) Avila, fol. 68b. Faleti (S. 267) ganz gleich! Vgl. Voigt, S. 429, 1. 16 Fähnlein giebt der Fuggersche Bericht an. Feldschlange übersetze ich aus „culubrinas", Bombarden aus „cannones". Male deutet die letzteren als „tormenta muralia breviora".

illustrirt: „aber das aller Höchste und hertzlichste, meyn liebes
weyb und kynder, angebunden, geschlagen und gezwungen zu
sagen: wo ist gelt, wo hastu Kleider, Betten, czinnen ge=
fesse und all dein Hausrabt, das sy mit vyl hartten schlegen
sagen und alles anczeigen mussen, und alzo alles genomen,
nottzucht und vyl wunden, dy nicht zu schreyben seyn, vor=
gewant und volendet".

Das war die Schlacht, die — nicht über den deutschen
Protestantismus (der verdarb an andern Übeln als durch solche
äußere Schicksalsschläge), aber auf eine Reihe von Jahren über
das deutsche Reich entschied.

Weshalb gieng sie für den Kurfürsten verloren?

Die militärischen Fehler liegen am Tage: das zaghafte Warten
auf die Böhmen, die erst die Fahne der Empörung erheben
wollten; Zersplitterung der eigenen Armee vor der gesammelten
Macht eines übergewaltigen Gegners; Unkenntniß der Kräfte,
Pläne und Bewegungen eines Feindes, der mit Raschheit und
Energie die bedächtigste Vorsicht vereinte; Entblößung der Elbposition durch Wegschicken der Artillerie, und dieselbe un=
bedachte Schonung dieser Waffe vor dem Walde gegen bloße
Reiterei; überhastiges und verzagtes Vertheidigen der vortreff=
lichen Defensivposition von Mühlberg; Verwirrung und höchst
unnöthige Vertrauensseligkeit auf dem Marsch; Zerfahrenheit der
vielköpfigen Führung und Disciplinlosigkeit der Untergebenen
im Angesichte der Feinde; völlige Kopflosigkeit, Verwirrung,
Entmuthigung, so wie die Gegner einen energischen Stoß aus=
führten: das Alles gegen eine Armee, die gut bisciplinirt,
siegesbewußt einem festen Willen gehorchte: — fürwahr, kein
Wunder, daß es Karl gelang, mit ein paar Geschützen, 2000
Arkebusieren und einer Handvoll Leichtberittener die Elbe zu
forciren, mit einigen tausend Reitern die gesammte an Zahl
überlegene Armee, Cavallerie, Fußvolk, Artillerie, aufzurollen
und zu vernichten.

Was aber waren die Ursachen dieser Ursachen? Dieselben Charakterzüge, die den gesammten Kampf des deutschen Protestantismus gegen die spanisch-habsburgische Weltmonarchie entstellen: partikulare Interessen, Zersplitterung und Zusammenhangslosigkeit, Insubordination, Unkenntniß der Gefahr und unerschütterliche Gemüthsruhe (ein seltsames Gemisch von Beschränktheit, Phlegma und Gottvertrauen), während schon das Gewölk von allen Seiten drohend sich zusammenballt, und haltloses Verzagen, sowie die verderbenden Schläge sich entladen.

www.ingramcontent.com/pod-product-compliance
Lightning Source LLC
Chambersburg PA
CBHW030348170426
43202CB00010B/1292